新庄監督に学ぶ

心理的安全性の高いチームのつくりかた

株式会社アドファンス・ラボ代表取締役
組織開発コンサルタント

佐藤真一

はじめに

令和に入り、職場環境のホワイト化が進んでいます。

でも、それは果たして幸せなことなのでしょうか？

悪いことではないはずですが、それだけでみんなが生きやすくなるのでしょうか？

間違いないのは、「リーダーにとっては難しい時代になった」ということです。


――そんなことを考えながら（いや考えてない）私はエスコンフィールドのシートに座りました。


24年シーズン、ついに花が開いた日本ハムファイターズには、たくさんの若手選手の笑顔がありました。野球が持つ楽しさと熱狂、カタルシスがありました。何より、日本人が大好きな「若者や未熟な者たちの成長ストーリー」が随所にありました。

それは、旧時代のチームやリーダーの在り方を根本から変える新型リーダーが、このチームの中心にいることの、何よりの証拠でした。

「よし、決めた。大好きな新庄剛志監督からチーム作りを学ぼう！」

実は、この本の企画は21年11月の新庄監督就任会見時から温めていました。

ご存じの通り、ファイターズは22年、23年と2年連続リーグ最下位となっています。

それでも、私は確信していました。

「3年目には結果が出る」

それは野球ファン、ファイターズファンとしての意見や希望ではなく、組織開発コンサルタントとして、そう確信していたのです。

「優勝なんか目指しません」で記憶に残る就任会見と、その後の秋季キャンプを見れば、組織開発の観点からは、それは明らかでした。だから22年シーズンからは、私のつたないYouTubeでもいくつか動画を上げていました（新庄監督ご本人からも嬉しいコメントをいただきました！）。

チーム作りは時間がかかります。

一朝一夕には行かない。日々眼に見える変化も少ない。けれど、セオリー通り地道に取り組めば、数年後に必ず花が咲く。

そして実際、ファイターズはついに24年に9年ぶりのリーグ戦2位、6年ぶりのクライマックスシリーズ出場を果たしたのです。

ひるがえってビジネスの世界を眺めてみると、今、企業にとっても「チーム作り」は欠かせることのできない第三の経営戦略となっています。

多くの企業では「マーケティング・販売」と「商品・サービス」の向上には、すでにとてつもない費用と時間的コストを投入しています。しかし、マーケティングや販売方法、商品サービスの展開は、超高度情報化社会の前では、すぐさま競合に模倣され優位性はなくなってしまいます。それだけでは不十分な時代になったのです。

そんな中、ヒット商品や高い営業結果を生み出し続けるのは、愛社精神が高く、仕事への熱量も高く、仕事を楽しむ社員たちがいる「エンゲージメント」が高いチームです。

そして、そんなチームを作るのは、経営陣ではなく現場のリーダー。つまり、これからの経営環境では、エンゲージメントが高いチームを作ることができる現場リーダーこそが必要とされています。

そんな時代に「エンゲージメントを高めるリーダーシップ」を、お手本のように体現しているのが新庄監督です。しかも、世の管理職を悩ませるZ世代である若手選手の育成に成功しています。

だから、改めてこう言います。

「新庄監督からチーム作りを学ぼう！」


92年、突如として現れたスター、新庄選手。中2の野球少年だった私は夢中になりました。声を嗄らして応援していました。

それから年月が経ち、新庄選手が現役を引退したあたりに、私は組織開発コンサルタントになりました。現在は、企業内での組織・チーム作り、マネジメントやリーダーシップに対してのコンサルティングや社内研修を手掛ける会社を経営しています。

私たちの会社がコンサルティングで目指しているのは、「仕事を楽しめる組織作り」です。すると、時々こう聞かれることがあります。

「何で『仕事を楽しむ』？　成果のために粛々とやるものだよ、仕事は」

本当に、そうでしょうか。

「なぜ仕事を楽しめる組織なのか？　利益につながるから？」――イエス。

「働く人々の離職率が低減するから？」――イエス。

「でも本心で言えば、働く人々が幸福だから？」——大きくイエス。

「それだけ？」——そう、それだけ。

どうせ働くなら、楽しく幸せな方が良い。仕事なんて、楽しまないと絶対に楽しくなりません。とどの詰まり、そこに尽きるのです。

これもきっと、青春時代の価値観形成期に新庄劇場に影響されたおかげです。

そんな私の自信満々の受け答えに、みんな「仕事を楽しむ？　言われてみたらそうだな」という顔をして納得してくれます。


ただし、それと同時に「今までそんな考え方はなかったので、やり方が分からない」という顔をする人も少なくありません。

ならば、この本で、新庄剛志監督の言動や一挙手一投足から「仕事を楽しみ、人が育ち成果も出るチーム作り」を学びましょう。

楽をする、手を抜く、ふざけるの対局にある「楽しむ」。つまらない、萎縮する、縮こまる、能力を出せないといった問題を解決するおまじない「楽しむ」を皆さんのチーム作りにも取り入れましょう。

新庄選手は現役時代の2004年、ヒーローインタビューで「今日のヒーローは僕じゃありません。みんなです！」という名言を放ちました。監督就任が決まった21年にも「来年からヒーローは僕じゃありません。かわいい選手たちとみんなです！」と言っています。

それに倣って、私もこう言いましょう。

この本で学んだ後、皆さんのチーム作りに役立ててもらった時、ヒーローになるのは……そう。

「僕じゃありません！　みんなです！」

2024年11月

佐藤真一

contents

第3章 スタッフの自主性を引き出す「コネクション」

第4章 安心と信頼を築く「コミュニケーション」

contents

第7章

新庄監督はどうやって令和型のリーダーになったのか？

第1章

令和型リーダーに必要な5つのCとは？

現代はリーダー不遇の時代

旧来のリーダー像が通用しない時代に突入した

プロ野球の監督に限らず、リーダーには大きな能力が求められます。

メンバーと上手にコミュニケーションを取るのは大前提として、短期的には判断力や決断力、実行推進力などが、長期的にはチーム作り、言い換えるとメンバーを育成し新たな仕事を生み出すことが求められます。責任が大きな仕事だからこそ、個人では達成できない大きな目標が達成できた時の喜びはひとしおです。

企業にとって、スタッフをまとめるリーダーは貴重な存在であり、組織を動かすためには欠かすことができません。文字通り、リーダーは屋台骨だと言えるでしょう。

だからこそ、多くの企業でもリーダーの育成が重要視されています。

しかし、最初にはっきりと言いましょう。

現在の日本は「リーダー不遇の時代」です。

なぜなら、旧来のリーダー像が通用しない時代に突入したからです。通用しないばかりか、旧来のやり方では組織に悪影響を与えることすらあるのです。

私は組織開発コンサルタントとして、多くの企業に対してリーダー育成研修を幾度となく行ってきました。そのため企業のリーダー育成の現場を経験し、今まではなかった新しい相談内容が近年急増していることに気づきました。

Z世代を活躍させた新庄監督の手腕

Z世代（１９９５年以降に生まれた若者世代の俗称）と呼ばれる若者たちと、どうやってコミュニケーションを取り、モチベーションを高めるかはリーダーの大きなテーマです。この書籍を手に取ってくれている皆さんは、30～50代でリーダーを任されている人が多いのではないでしょうか。

「10年ひと昔」という言葉があるように、ジェネレーションギャップは確かに存在します。その中でとりわけZ世代とそれ以前の世代には大きなギャップがあるようです。

リーダーを任される30～50代の人材が新庄監督に学ぶべき理由はここにあります。

ファイターズは他の球団と比べて圧倒的に選手の平均年齢が低いのです。野手陣に限定すると2024年支配下登録選手の平均年齢は12球団でもっとも低く、25・2歳です。期待の若手主力選手に限れば23〜24歳が多いチームです。活躍どころか出場経験がまだ浅い選手が主体なので、平均年俸が12球団でもっともリーズナブルということもお伝えしておきましょう。

つまり、主力やスタメンだけでなく控えや二軍も含めて全員が若い選手で構成されているチームを今シーズン躍進させた新庄監督の手腕には、旧来のマネジメントと違う何かがあるわけです。ここにリーダー世代がZ世代に対して取るべきコミュニケーション方法のポイントがあります。

Z世代の価値観を理解する「3つのF」

Z世代において「仕事をする上では、ある程度の我慢が必要である」という考えは主流ではありません。「石の上にも3年」のように、同じ会社で長く勤めることが良いこととも思っていない傾向があります。

そういう世代に対して、リーダーが今までの仕事で培ってきた我慢論をいくら論理的に伝えても、響くことはありません。

彼らの価値観を理解する上でキーワードになると言われているのが「３つのF」と呼ばれる次のワードです。

①フリー（FREE）

常識にとらわれずに自由に生きていくことを重視する価値観が「フリー」。勤務時間に縛られ、嫌な上司のいる会社で無理に正社員として勤務しなくても、転職先や働き方は山ほどある、という価値観が「フリー」です。

②フラット（FLAT）

他者を尊重して対等な関係を築こうとする価値観が「フラット」。年長者だから言うことを聞くのでなく、自分の価値観に合致するから聞く、という姿勢のことを言います。

③ファン（FUN）

好きなことを追求して楽しく生きていこうとする価値観が「ファン」です。

従来、我慢論が通用したのは未来が明るかったからです。だから未来のために今を犠牲にすることも我慢できたのです。

ところが現代はどうでしょうか。未来の展望は暗く不安定です。ならば今を楽しみたいと考えるのも当然の流れだと言えるでしょう。

この3つのFの中でも、私は特に「フラット」というキーワードを、現在のリーダーは強く意識すべきだと考えています。

なぜ「フラット」というキーワードが象徴的かと言うと、ひと昔前は企業と労働者の立場を比べた場合、企業の方がパワーバランスは上だったからです。景気の良い時には「これだけ良い給料を安定して支払える会社が他にあるのか？」と、景気が悪い就職氷河期には「そもそも雇用先が他に見つかるのか？」と言われたように、当時は得られる情報が少なかったことも相まって企業側の方が労働者に対して強かったのです。それは上司と部下に置き換えてもほぼ同様でした。

しかし、現在は企業と労働者の立場が対等（フラット）に近づいています。

Z世代との接し方、年下部下の問題、コンプライアンスの問題など、さまざまな個々の理由がありますが、リーダー不遇の時代になった最大の理由は、時代の変化に伴う価値観の変化が根本にあるのです。

企業と労働者の関係が対等な時代のマネジメントが必要

労働者の立場は時代を追うごとに向上してきました。

例えば、昭和の頃は、会社は社員を平気で解雇できました。

しかし、労働組合などが権利を主張して勝ち取ってきたため、現在は簡単に社員を解雇することはできません。もし仮に、労働者の能力が不足していたとしても、企業はその労働者を能力開発の研修などに参加させて、能力不足を解決する手段を取らなければなりません。その上でどうしても身につかない場合に限って、解雇するという選択肢が出てきます。

その反面、労働者はいつでも簡単に会社を辞めることができます。

さらに未来の話をすると、人口減少の進む日本では今後はさらに労働者の価値が上がります。このまま出生率が低いままだと、２０５０年には日本の人口はピークだった２００４年と比べて約３０００万人も減少し、1億人を下回ると予想されています。これに伴い、必然的に労働者の人口も減少します。日本経済を支える現役労働者世代は、ますます貴重な存在になるわけです。

こうした時代の変化に伴い令和の今、企業と労働者の関係は対等になり「昭和型のリーダー」が通用しなくなっているのです。

新庄ファイターズでは他球団で戦力になりきれなかった選手が活躍し、主戦力になる例が多くあります。これは、「フリー」「フラット」「ファン」の価値観を持ち合わせた若い選手を伸ばすマネジメント方法の実践、チーム作りの賜物だと言えます。

一方で、まだ多くの球団は、それらへの対応が不十分な状況とも言えるでしょう。

では、若手を伸ばすマネジメントやチーム作りの肝は一体何なのでしょうか？

次節ではそれを詳しく見ていきましょう。

2 令和型リーダーが意識すべき「心理的安全性」

Googleも認めた心理的安全性とは

令和型リーダーが最低限意識しなければならないのが、近年の組織開発で注目を集めている「心理的安全性」です。

心理的安全性は、１９９９年にハーバード大学のエイミー・エドモンドソン教授が提唱した概念です。「どのような発言をしても拒絶されず、罰せられることもなく、チーム内は安全であるとメンバー全員が共通して考えている状態」と定義されています。

心理学の用語として発表されたものですが、組織運営をする上で欠かせない概念だとして、ビジネス業界で注目を集めています。

例えばGoogle社では、２０１２年に「プロジェクト・アリストテレス」という研究が行われました。これはGoogleの社内で生産性が高い部署と低い部署を比較して、何が生産性を上げているかを調査したものです。4年にわたる調査の末に分かったのは、生産性が高いチームには「心理的安全性が高い」という共通点があったことでした。

心理的安全性が高いチームは「創造性が促進される」点に特徴があります。

多様なアイディアが生まれやすくなり、創造性が高まれば、チームでのイノベーションも生まれやすくなります。さらに、仕事に対する満足感も高まるため、離職率が低下します。結果的に仕事に対するモチベーションが高くなり、生産性の向上につながります。

心理的安全性がチームの成果を左右する

逆に、心理的安全性が低いチームでは、会議などでもメンバーが発言を恐れ、チームが停滞します。

そして、メンバーは次の4つの不安に襲われると言うのです。

①「意見を言うと馬鹿にされるのではないか」という恐れ
②「怒られる、注意されるのではないか」という恐れ

③「評価が下がるのではないか」という恐れ
④「他人に迷惑をかけるのではないか」という恐れ

心理的安全性が低いチームではこれらの4つの恐れが生まれることで、生産性が低くなり、さらなる悪循環を引き起こしていました。

そして、この調査結果から、驚くべき法則が見えてきました。

それは「成功するチームは何をやっても成功するが、失敗するチームは何をやっても失敗する」というものです。つまり、仕事の内容やプロジェクトの大小に関わらず、成果を出すためには、心理的安全性の高いチームを作ることが重要だということです。

誤解されがちな心理的安全性

ただし、この心理的安全性という言葉はあまりにパワーワードであるがゆえに、最近では言葉だけが一人歩きし誤解されていることが多々あります。

その一つが、「部下に負担をかけなければ良い。うちはストレスフリーな会社なので大丈夫」という発想です。これは大いなる誤解です。

心理的安全性とは、ただ仲が良いということではありません。人間関係の不安が少ないだけで、仕事上のことで衝突をしないわけではありません。むしろ、目標達成のために社員同士で活発に議論を交わすことが推奨されています。

もちろん、相手の人格を攻撃したり、根拠もなく否定したりすることは論外です。しかし、意見をぶつけ合い、自分と異なる意見を知ることは、新しいアイディアの素として尊重されるものです。

心理的安全性の誤解によって生まれた「ゆるブラック問題」

さらには、こうした心理的安全性についての誤解が生まれることで、職場内で新しい問題が生まれています。

それは「仕事が緩すぎて、それが逆にブラック」という「ゆるブラック問題」です。

残業が多かったり、モラハラがひどかったり、職場環境が整っていない会社のことをブラック企業と言います。ブラック企業が問題化した近年、政府はブラック企業対策としてさまざまな取り組みを行いました。具体的には、２０１９年に働き方改革法案が施行され、２０２０年にはパワハラ防止法が施行されるなど、働く環境がより守られる社会になりました。

しかし、それによってすべてが良くなったかと言うと、そうではありません。

現在はコンプライアンスが問題になる社会なので、企業のホワイト化は急ピッチで進んでいます。プレッシャーのない会社は誰からも好かれるものだと思いがちですが、若者の中には「働きやすいけど成長感がなく、やりがいもない」と感じる人もいます。自己のスキルを高めるために残業をしてもっと働きたいという人がいたとしても、規則があって働くことができない。コミュニケーションをもっと取りたいと思っても、早い帰宅を求められ、飲み会などが減ったために職場の人と深く話ができない。

本来、働く目的や理想の働き方は人によって違うはずなのに一律で管理した結果、ホワイトすぎる職場が増えてしまいました。

これが、「ゆるブラック問題」です。

心理的安全性を正しく高めるための「５Ｃ」というフレームワーク

ブラック企業が心理的安全性の低い職場であることはもちろんですが、ホワイト企業だからと言って必ずしも心理的安全性が高くなるわけではないというのが、「ゆるブラック問題」の本質です。

強制ではなく自主的に仕事をすることまで、まるで悪かのように思われてしまう、そんな過保護な環境に危機感を持つ社員は、もっと成長感が得られるハードワークな会社を目指して転職をしてしまいます。結果としてホワイトなのにハイパフォーマーが流出し、ローパフォーマーだけが残り続ける悪夢のような組織ができあがるのです。

実際に、心理的安全性の提唱者であるエイミー・エドモンドソン氏は「心理的安全性だけで組織を運営できるとは思っていない」と明言しています。

心理的安全性を正しく高めるために重要な要素には「話しやすさ」「助け合い」「挑戦」「歓迎」などがあります。

それらの要素を説明するために、本書で紹介するのが「5C」というフレームワークです。心理的安全性が高い職場では上手に5Cが回っており、5Cを実行することで心理的安全性が高まる好循環が生まれます。心理的安全性という言葉をより正しく理解し、実際のチーム運営に活かすためには、5Cという新しいフレームワークを理解することが重要なのです。

ではその5Cとはどういうものなのか、次の節で紹介していきましょう。

3 5Cを意識すればチームは強くなる

生産性の高いチームには共通点があった

アメリカの世論調査やコンサルティングを行う有名な会社に、ギャラップ社(Gallup, Inc.)があります。アメリカの大統領選挙などにも関わる、権威ある企業の一つです。

この会社ではさまざまな調査を行っていますが、とりわけ注目されているのが、組織で働く人々のエンゲージメントに関する調査です。

エンゲージメント（Engagement）は、直訳すると「約束」という意味になります。ただし、ビジネスの文脈でのエンゲージメントは単なる「約束」ではなく、「愛社精神」や「積極的な参加」という意味合いを含みます。具体的には、企業の掲げる目的や理念を社員が理解し、自発的に自分の力を発揮して貢献しようとする姿勢を指します。

エンゲージメントが高い社員は、企業の目標に強く共感し、自らの役割を超えて積極的に行動します。こうした社員は、業務に対する責任感やモチベーションが高く、仕事の成果も高い傾向があります。また、エンゲージメントの高い社員が多い企業は、一般的に離職率が低く、チームの結束力が強くなります。

ギャラップ社は、エンゲージメントが高い社員で構成されるチームの共通点を調査しました。その結果、エンゲージメントが高いチームには「5つのC」と呼ばれる共通点があることが明らかになりました。その5つのCとは、次の通りです。

①コモンパーパス（Common Purpose）……チーム全員が共有する明確な目的が存在すること
②コネクション（Connection）……チームメンバーが目的に共感し、強くつながっている状態
③コミュニケーション（Communication）……目的に向かって、自由に意見を言い合える状態
④コラボレーション（Collaboration）……各メンバーが自分の強みを活かして協力し合い、行動に移す状態

■5つのCの関係性

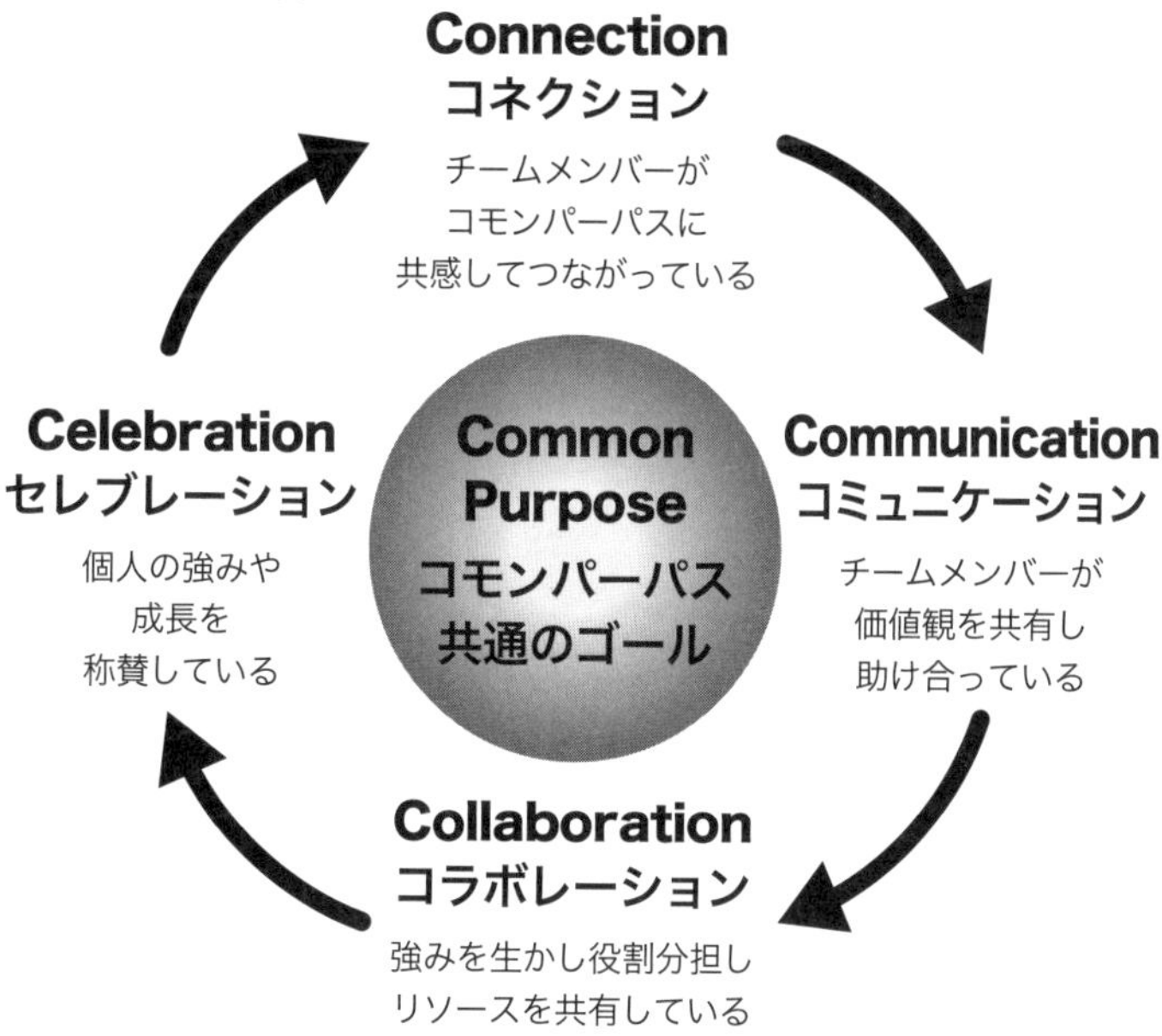

出典：ギャラップ社「卓越したチームの「5Cモデル」」より

⑤セレブレーション（Celebration）……成果を互いに認め合い、賞賛し合う文化がある状態

本書では、この5つのCのサイクルを上手に回して、長期的に良い状態を作り上げるやり方を紹介していきます。

ファイターズ躍進の背景にもエンゲージメントの高さがあった

ファイターズ躍進の背景にも、こうしたエンゲージメントの高さがあったことは間違いないでしょう。事例としては、ファイターズの外国人選手が挙げられます。

ファイターズで2024年シーズンに大活躍している外国人選手と言えばレイエス選手、マルティネス選手ですが、特にレイエス選手は8月の月間MVPを獲得するほど絶好調、その打棒ぶりからファンの間では「西の金満球団に獲られてしまうのでは」と心配の声が止まらない状態でした。

しかし、レイエス選手はそのような心配をよそに「ファイターズというチームがす

ごく好きでみんなのことを家族だと思っていますし、アメリカでもいくつかのチームを渡り歩きましたけど、ファイターズは過去のチームと比べものにならないくらい大事なチームだと思っている」と語り、ファイターズというチームへのエンゲージメントの高さを伝えてくれています。

そして大活躍するレイエス選手の陰で少し出番が減りながらも勝負強い打撃でファンから大人気のマルティネス選手は、ポジションが被ってしまうレイレス選手の出現により、こちらもまたファイターズを退団してしまうのではないかとファンがやきもきしていると、自慢の打撃で大活躍した試合後のヒーローインタビューで「ファイターズは素晴らしいチームです。僕自身も何年もこのチームでプレーしたいと思う、そういう素晴らしいチームです」と語り、ファンの涙を誘いました。

その後さらに「ファイターズがどういう決断をするか分からないですけれども、個人的には残れる限りは（ファイターズに）残りたい、そう思っているんです。ファンの皆さんの心配がちょっとでも晴れたらなと思っています」と語りました。

球団と掛け引きをして好条件を引き出そうとする選手が多い中で、シーズン中に、ファンの前でここまで明確にエンゲージメントの高さがうかがえるコメントを出す外国人選手は非常に稀です。是が非でもファイターズで活躍を続けてもらいたいものです。

5つのCは連動している

なお、本書では5つのCを一つずつ解説していきますが、それぞれが個別で独立しているわけではありません。すべては連動しています。

例えばコミュニケーションがなければ、個性を活かすコラボレーションはできません。個性を活かせる環境が整えば、当然のようにセレブレーションが生まれます。そしてセレブレーションが生まれると、さらにコミュニケーションは活性化します。

そのため5Cに取り組む場合は、どこから着手し始めても良いのです。全体像を理解した状態で、サイクルが一度動き始めると、結果的には5つのCがすべて揃うようになっています。5つの要素すべてを一度に実行する必要はなく、始めやすいところから取り組むのが良いでしょう。

ただ、5つのCの中でもっとも大切なものを挙げるとしたら、すべてのCの中心に位置する「コモンパーパス」です。

コモンパーパスに共感すると、その目的に対して意見を言い合えるようになります。つまり、コモンパーパスを中心に据えて、どのようにメンバーがそれにコネクトする（つながる）かが重要なわけです。そのためには、逆説的ですが、コミュニケーションから始めることも有効です。

５つのＣが効果的に発揮されると、チームの生産性が向上するだけでなく、仕事に対する満足感ややる気などのポジティブな感情が高まるという結果が得られます。

詳しくは後述しますが、新庄監督が特異な言動が多いように感じるのは、過去に他の監督が持っていたコモンパーパスとは違う視座のそれを持っていて、体現しているからです。過去の常識にはないことをしつつも、見ているファンは「はちゃめちゃだな」「一貫性がないな」とは感じませんよね。それは新庄監督が明確なコモンパーパスを持ち、５Ｃを回しているからなのです。

4

まずはエンゲージメントの高いチームをイメージしてみよう

「なでしこジャパン」もエンゲージメントが高い

さて、先ほどから「エンゲージメントが高い職場」という表現を使っていますが、そもそもこれがどういう職場なのか、具体的なイメージが湧かない人も多いのではないでしょうか。

特に「仕事＝我慢をするもの」という固定観念がある場合、仕事自体にネガティブな印象を持っているため、ポジティブでやる気に満ちた職場、つまりはエンゲージメントが高い職場をイメージするのが難しいかもしれません。

ですので、まずは皆さんが思うエンゲージメントの高いチームをイメージしてみましょう。皆さんが実際に所属した、もしくは見聞きしたどちらの例でも構いません。

ちなみに私がイメージするのは「新庄ファイターズ」以外では「なでしこジャパン」

です。

なでしこジャパンは日本女子サッカー代表チームの愛称で、２０１１年にＦＩＦＡ女子ワールドカップで優勝するなど世界的に活躍しているチームです。世界の強豪選手を相手にしている中で、彼女たちは笑顔が多く、チームの雰囲気も良い。成果を追求しながらも、楽しそうにプレーしています。

昭和的なマネジメントには「成果のために感情を抑える」という考え方がありましたが、なでしこジャパンはそれとは正反対です。彼女たちは成果と楽しさを両立させているように感じます。

あなたが思うエンゲージメントの高いチームとは？

私が管理職向けの研修を行う際にも、まずエンゲージメントの高いチームをイメージしてもらっています。

あなたはこれまでの人生の中で、さまざまなチームに所属してきたはずです。チームと言っても職場だけでなく、学校のクラスや部活動、趣味のコミュニティー、他にもオンラインゲームの仲間なども含まれます。それらを思い出してもらい、楽しかったチームを先ほどの5つのCの観点で考えてみてください。

ちなみにこれは、最高のチームをイメージしてもらった時の、ある人の感想です。

そうですね。これは学生時代の話ですが、部活動のバスケットボールチームで、みんなが同じ目標を強く持ち、かといって悲壮感ではなく仲間と笑い合える、だから厳しい練習にも耐えられました。練習中もお互いに笑顔でアドバイスをし合っていたことを思い出しました。ミスをしても笑顔で励まし合っていたので、どんどんチームワークが良くなっていったんです。

最終的には県大会で優勝できたのも、みんなが目標を共有し、笑顔で一丸となって取り組んだからだと思います。

あなたが思うエンゲージメントの低いチームとは？

次に、逆に最悪なチームをイメージしてみてください。そして、そのイメージしたチームに、5つのCを当てはめてみてください。

例えばこんな感じです。


私は以前、職場で新しいプロジェクトに参加した時のことを思い出しました。目標が曖昧で、誰が何を担当するのかもはっきりせず、プロジェクトチーム内でのコミュニケーションがほとんどありませんでした。どんな人がメンバーにいたかすら覚えていませせん。

その結果、誰も積極的に動かず、プロジェクトがスムーズに進みませんでした。結局、納期に間に合わず、チーム内で不満をぶつけ合ったまま解散。こんな仕事をするくらいなら、転職しようかなと思いましたね。


いかかですか？

なんとなくイメージができたと思います。

実は、私にも似た経験があります。私は趣味で大学の先輩たちと20年近く草野球をしているのですが、当然試合をしていて勝つことは楽しいんです。確かに、スポーツでは勝つこと自体に価値や魅力があるのは分かります。

しかし、もし自分がまったく知らない草野球チームに助っ人として参加して試合に勝ったとしても、正直に言えば、私はあまり楽しめません。チャンスでの打席で「助っ人で来たのに、ここでアウトになったら申し訳ないし嫌だな」とプレッシャーを感じることもあるでしょう。

逆に、いつも一緒にプレーをしている仲間と一緒に優勝を目指す時は草野球が楽しく感じます。馴染みのメンバーと一緒に野球をすることが楽しくて、とにかく居心地が良いんです。その上で、勝利を目指すとなると、より一層楽しさが増します。

結局、そこで重要なのは仲間との関係性です。ただ役割をこなすだけのスポーツは、果たして楽しいものでしょうか。

新庄監督は5Cフレームの体現者

ここまで本書を読み進め、かつ、新庄ファイターズの試合を見た方であれば、なぜ私が5Cのフレームワークを使って「新庄監督から学ぼう！」と言っているのか、納得してくれると思います。

「新庄監督の大ファンだからだろ！」というツッコミが入りそうですが、正直な話をすれば……すみません、それは当然多分にあります（笑）。ファイターズも新庄監督もタイガース時代から大好きですし、リスペクトしています。

でも、やっぱり個人的な想いだけで、新庄監督を挙げているわけではないのです。日々仕事の現場で管理職やリーダーとしてチームを引っ張ろうと獅子奮迅の活躍をしている、またはマネジメント・スタイルを変えなければならない時代の変化に困惑しながらもアジャストさせようとしている現場のリーダーの皆さんに少しでも「令和のリーダー像」をイメージしてもらおうと悩みに悩んだ末に出てきたのは、「やっぱり令和のリーダーと言えば新庄監督だよな！」という結論でした。

それが決まってから新庄監督の言動を見直してみたら、面白いくらいに「令和のリーダー像」にドンズバでハマるのです。これほどまでに5Cフレームを体現していることに驚くくらいです。彼の行動や言動をピックアップし、5Cとして解説することで、より具体的に令和型のマネジメントスタイルが紹介できると確信しています。

この本はビジネス書として、時代の価値観が大きく変化する中で奮闘するリーダーが「仕事を楽しめる組織」を作るために必要なことを5Cというフレームでまとめた本です。次章からはさっそく一つ一つのCを見ていきましょう！

5 プロ野球監督に見る昭和型リーダーから令和型リーダーへの変遷

プロ野球監督は「時代が求めるリーダー」の鑑

ここまで本章で語ってきたように、時代の価値観が昭和から令和の中で大きく変化した中で、時代の変化に応じて求められるリーダー像も変わってきています。それはプロ野球の監督においても同じです。時代や社会の価値観に応じたリーダーシップが求められ、マスコミがその時代時代で取り上げ、多くの野球ファンであるビジネスパーソンが参考にしてきた歴史があります。いつの時代にも必ずフィットする完璧なマネジメントは存在せず、変化する時代の価値観に適応したリーダーシップが重要なのです。

そこで、昭和から令和にかけて、求められるリーダーシップがどのように変遷していったか、プロ野球監督を例にご説明しましょう。時代を代表する監督のスタイルは、時代背景や社会の価値観と一致し、それぞれの時代ごとに求められるリーダー像が異なることが分かるはずです。

1980年代は「管理型」リーダーの時代

１９８０年代は、日本全体が右肩上がりで成長し、効率性と管理、あるいは手法が重視された時代です。それ以前に多く見られた軍隊式上意下達の文化を引きずりながら企業社会でも「マネジメント」が語られ始めたこの時代、プロ野球の監督にも厳格な管理スタイルを取り入れたチームが登場します。選手への細かい指導や統制、効率性を重視し、組織を束ねるスタイルが台頭し、時代を作っていったのです。

この時代の代表的な監督としては、次の２人が挙げられます。

・広岡達朗監督

広岡達朗監督は、Ｖ９時代の読売ジャイアンツで名内野手として活躍し、現役引退後はヤクルトスワローズ、西武ライオンズで監督を務めました。いずれも弱小チームを優勝させるなど、昭和を代表する名監督の一人です。

彼は徹底した選手の管理と緻密な戦略を用いる厳しい指導で知られ、選手の食事管理まで介入することでチームの規律を整えました。選手の奥様を集め健康な食事方法を指導するなど、細部にわたる統率力でチームを牽引したのです。

弱小チームの空気感を変えるには、そこまでの徹底が必要だったのでしょう。細かい点まで徹底的に介入する手法はマイクロマネジメントと呼ばれ、選手からは敬遠されがちですが、この当時はまだ受け入れられた側面があります。

また、自身のマネジメント手法を著したビジネス本を数多く出版し、この時代のビジネスパーソンにも影響を与えました。ビジネス書を出すプロ野球監督の走りではないでしょうか。

・時代のカウンターとしての大沢啓二監督

管理野球が台頭したこの時代にあっても、そのカウンターカルチャーとなる監督も存在も存在しました。日本ハムファイターズを指揮した「親分」こと大沢啓二監督は、その代表格でしょう。

暴れん坊野球と称された東映フライヤーズ育ちの大沢親分は、成績さえ残せば多少のことは目をつむろうってもんだい、という粋な江戸っ子（実は湘南ボーイ）そのものでした。管理野球で名を馳せた広岡監督が、選手たちに肉食を禁止し草食や麦ご飯を命じだことに対しても「菜っ葉食って勝てるならヤギさんチームが優勝だ」とユーモアを込めた対抗心を露わにしてファンに愛されていました（親会社が食肉メーカーでもありますし）。

1990年代は「データ重視型」リーダーの時代

１９９０年代は、Windows95が世界にインパクトを与え、デジタル革命が進み、誰の目にも分かりやすく「コンピューター時代の到来」が印象づいた時代です。企業でも情報やデータ、統計に基づく合理的な戦略が注目され、社員一人にＰＣ一台が普及し始めた時代でもあります。

プロ野球の監督もデータ分析を駆使し、効率的なチーム運営を行うスタイルが登場し、ファンもそのような新時代を予感させる野球に熱中していきました。野球というスポーツがデータや数値と相性が良いということもあり、他のスポーツに先駆けてデジタル時代に沿った進化を遂げたのです。

この時代の代表的な監督としては、次の3人が挙げられます。

・野村克也監督

野村克也監督は、90年代以降はヤクルトスワローズや阪神タイガース等で監督を務め、もはや説明不要の「ID野球」を標榜し、データを元に考える野球を展開しました。弱小ヤクルトスワローズを優勝に導き、パ・リーグの常勝軍団西武ライオンズ相手にID野球で挑んでいく92年、93年の日本シリーズの激闘はファンの間での語り草です。

そしてID野球一番の功績は、何よりも人を遺したことではないでしょうか。野村監督のかつての教え子たちが現代のプロ野球の監督やコーチとして数多活躍していることこそが、その偉大さを物語っています。「金を遺すが三流、仕事を遺すが二流、人を遺すが一流」という名言を見事に体現しました。

・仰木彬監督

仰木彬監督はこの時代、主にオリックス・ブルーウェーブで監督を務めました。登録名「イチロー」の生みの親でもあり、ファンの注目を集めることに注力しているイメージもありますが、実は一方で膨大なデータ分析を活用しながら選手起用をしていたことで知られます。

前日の試合で大活躍した選手を、翌日の対戦データを見てスタメンから外すという采配も時折見せていました。人情家のイメージがありながらも、合理的な采配が目立ちました。

その意味で、合理的なイメージがありながら人情家の面がある野村監督とは対象的な存在かもしれません。

・時代のカウンターとしての星野仙一監督

データや合理がもてはやされたこの時代におけるカウンター的な存在としては、中日ドラゴンズの闘将・星野仙一監督が挙げられるでしょう。星野監督は、情熱や闘志むき出しの選手を好み、時に鉄拳制裁でチームを作り上げる激情型な指導スタイルで、選手を鼓舞し、強いリーダーシップを発揮し、闘う集団を作り上げていました。

2000年代は「カリスマ型」リーダーの時代

2000年代は、日本経済の失速が本格化し、超就職氷河期を迎え、大卒者の就職率が55％まで落ち込み、さらにデフレ経済にも突入し、若者含め、日本人全体の自信が大きく失われた時代です。

今では当たり前の感覚すらある「年収300万円時代」到来の予見に多くの人が衝撃を受けた時代でもあります。当時はこの先、収入が伸びないことに対して多くの人が希望を失いかけたのではないでしょうか。

自信を失い希望やポジティブな要素が少ないこの時代、リーダーには自信やカリスマ性、存在感がより重要視されるようになりました。バブル崩壊後さらに緩やかに低迷する時代において、過去の良き時代に生きた自信溢れる輝かしいリーダーについていくことで若者たちは希望を見出していたのでしょうか。

この時代の代表的な監督としては、次の2人が挙げられます。

・星野仙一監督

前述の星野仙一監督ですが、00年代では阪神タイガースや東北楽天ゴールデンイーグルスで監督を務めました。

が、この時代には90年代のドラゴンズで見られた闘将ぶりは少し抑えめになり、それよりも泰然自若、大きな器で選手たちを愛し包み込むような父性が発揮され、カリスマ性が滲みでていました。特に自信が乏しい若手選手にとっては、自信に溢れるその姿に「この監督についていけば大丈夫」と思わせる、北極星に似た存在だったのかもしれません。

・原辰徳監督

原辰徳監督は、読売ジャイアンツで長年にわたり監督を務めました。

原監督は現役時代、80年代ジャイアンツの、すなわち球界のアイドル的スターでした。その時代に少年だった世代が00年代には若手選手になっています。少年時代に憧れた大スターが監督になっているのですから、そのスターに認められたい、憧れのスターを男にしたいというモチベーションが高かったのは想像に難くありません。

この時代は他にも、ホークスの「世界のホームラン王」王貞治監督、ドラゴンズの落合博満監督、タイガースの岡田彰布監督、スワローズの若松勉監督など、いずれも錚々たるビッグネームが監督として活躍した時代でした。

2010年代は「対話型」リーダーの時代

2010年代はスマホ時代の幕開け。SNSの普及や動画コンテンツの充実により個人それぞれの時間の過ごし方の違いが顕著になり、価値観の多様化が一気に進んだ時代です。ナンバーワンよりオンリーワンな時代に育った少年たちが、この時代に若手として社会に台頭し始めます。

その結果、一人ひとりの価値観や個性を尊重し、コミュニケーションを通じて共感を示し、信頼関係を築く「対話型のリーダー」が時代に求められるようになります。また世の中の情報が爆発的に増えた時代でもあり、万人に当てはまる正解を教えるのではなく、その人個人には何が合っているのかを共に考えるスタイルのリーダーシップが求められるようになりました。

指導や育成の場面でも上意下達なスタイルや、いいから俺について来い的なスタイルは敬遠され、質問や対話によって共に考えるスタイルがスタンダードになったのが、この時代です。企業の中ではコミュニケーションスキルとしてのコーチングや１ｏｎ１がもはや当然となりました。

この時代の代表的な監督としては、次の２人が挙げられます。

・栗山英樹監督

栗山英樹監督は、日本ハムファイターズで長期間監督を務めました。

栗山監督は、選手との対話を重視するスタイルで知られました。二刀流に挑戦する大谷翔平選手の気持ちや意見や状況を尊重し、可能性を信じて二人三脚で唯一無二な選手像を実現させました。選手たちとの密な対話を通じて、まずは選手を信じきることで信頼関係を築くスタイルで、心理的安全性の高いチームを作り上げた監督です。

・真中満監督

真中満監督は、ヤクルトスワローズで監督を務めました。

温和な人柄で知られ、選手の意見を尊重することが最大の特徴です。選手の自主性を引き出すために、押し付けない指導を徹底しました。どのような選手になりたいのか、そのためには何をすればいいのかを選手に考えさせることで、自主性と責任感を植えつけた監督です。練習においても監督やコーチがリードすることを良しとせず、選手の成功に対して対話を通じて気づきを与える事で奉仕するサーバントリーダーシップをもっとも体現した監督ではないでしょうか。

2020年代は「エンジョイ型」リーダーの時代

2020年代は、デジタルネイティブ世代の台頭とともにフリー・フラット・ファンの時代へとなりました。それに呼応して、「楽しむ」ことを重視したリーダーが注目されています。プレッシャーをかけるよりも、選手たちが自由に楽しめる環境を整えることが重要視され、チームの雰囲気作りや選手の自主性を尊重するスタイルが求められているのです。

この時代の代表的な監督が、そう、新庄剛志監督です。

本書ではこれから、その新庄剛志監督のリーダーシップを学んでいきます。

さあ、次の章へ進みましょう!

第2章

メンバーのやる気を引き出す「コモンパーパス」

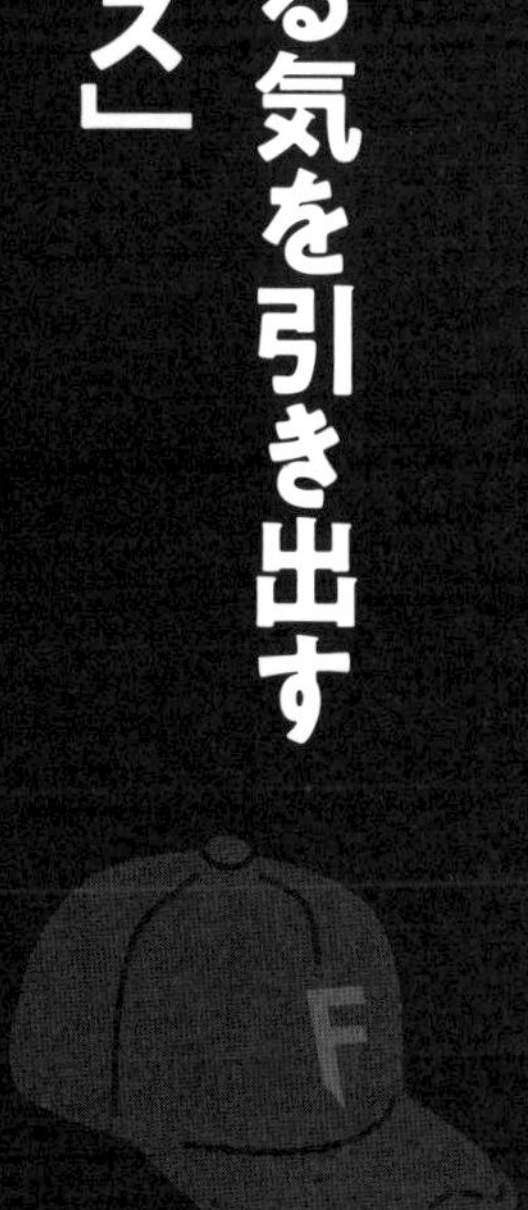

1 コモンパーパスとは何か？

コモンパーパスと企業理念はどう違う？

では、この章から本題の5Cについての説明をしていきます。

最初に説明をするのは、5Cの中央に位置し、すべてのCの背骨と言っても過言ではない「コモンパーパス（Common Purpose）」です。

そもそもコモンパーパスとは、日本語にすると「共通の目標」という意味です。つまりは、チームが向かうべきゴールのこと。ただの目標ではなく「チームメンバーの皆で共通して持つ目標」というのがポイントです。

ちなみに、コモンパーパスに近い言葉で、ビジネスの世界でよく登場するのが「企業理念」です。

自社の企業理念を思い出してみてください。もし、すぐに思い出せないという場合は、この本を読む手を少しだけ止め、調べてみてください。企業によっては、会社のホームページなどに情報を載せている場合もありますので、それを見てみましょう。

企業理念はOB杭のようなもの

どうですか？

企業理念を読んでみましたか？

読むことでさまざまな感想が浮かんだと思います。「なんとなくは分かるけど抽象的すぎて、イメージが湧かないよ！」って思いませんでしたか（笑）。

私は企業研修の場で色々な企業の理念を見てきました。企業理念は組織の存在意義にも通じるもので、とても重要なものです。しかし、読んだ感想としては、どうしても抽象的という印象は否めません。

企業理念に何が書いてあるかというのを私なりに要約すると、実はほとんどの企業理念はこの2つのキーワードに集約されます。

「貢献すること」

「挑戦すること」

これらをどう実現していくかを、さまざまな言葉で表現しているのが企業理念です。

企業理念は、ゴルフのOB杭のイメージを持つと理解しやすいでしょう。OB（アウト・オブ・バウンズ）というのは、プレーができる区域の外側のエリアを指した用語です。

OB杭はコースの外周に設置されていて、ボールがその範囲を越えてしまうとペナルティが課されます。つまり、フィールド内でOKなエリアと、フィールド外のNGなエリアを明確に分けているのです。そして、OB杭の内側のエリア、つまりはOKなエリアというのは非常に広大なため、その中で具体的にどのようにプレーをしていけば良いのかは、分かりにくい場合があります。

企業理念はこのOB杭と一緒で、会社全体に適用されるOKエリアの境界線を示しています。だからこそ、すべての社員が使えるように抽象的になっているわけです。

コモンパーパスは「チームサイズにあった共通の目標」

逆に言えば、企業理念は抽象的すぎるので、行動の指針にはなりません。

例えば、会社にはさまざまな部署が存在します。会社全体で「貢献」と「挑戦」に関する企業理念は共有できても、経理部、営業部、生産部では、それぞれの部内での「貢献」と「挑戦」は当然ながら違いますよね。そのため、企業理念だけでは実際に何をやれば良いのかのイメージができません。だからこそ、企業理念ではなく、チームサイズにあった共通の目標が必要です。会社員全員が目指す抽象的なゴールではなく、あなたが抱えるチームで使えるような、チーム単位のゴール・方針が必要なのです。

そのゴール・方針を決めるために必要なものが、チームの共通の目標、すなわち「コモンパーパス」です。

コモンパーパスを設定する際には、メンバーが燃えられるものかどうかがもっとも大事になります。具体的には、次の2つが欠かせない要素となります。

「そのコモンパーパスを掲げるとモチベーションが高まるか」

「実際に何をすればいいのかある程度分かるか」

数人で構成された小さなチームに、企業理念のような抽象的な目標を掲げてもスタッフは燃えることができませんよね。数名には数名の、会社サイズには会社サイズの、それぞれのチームのサイズ感に適した、そしてそのチームの成熟度合いや状況にも適した目標が必要になるということです。

2 コモンパーパスとフロー状態

「理想の結婚式」とは何か？

チームサイズの具体的な目標とはどのようなものか、これに関して興味深いエピソードがあるので紹介します。

これは、ある知り合いのリーダーが、ブライダル関係の仕事で活躍していた時の話です。彼が働いていたのは、結婚式の企画やプロデュースを手掛ける会社で、お客様の希望を叶えるために、チーム内での情報共有が欠かせませんでした。

この会社では「理想の結婚式の実現」を理念に掲げていましたが、そもそも「理想」が何を意味するかは人それぞれです。「具体的にどのような結婚式が理想なのか」という部分が、実は明確ではありませんでした。

そこで彼は、チームのメンバーと一緒に「我々はどんな結婚式を作り出したいのか？」という基本的な対話から始めました。

すると、話し合いの中で、さまざまな「理想の結婚式」のイメージが出てきました。例えば「最高に美しい会場での挙式」「豪華な料理を楽しめるレセプション」「友達や親戚と楽しい時間を共有する」「リラックスできるプライベートな空間」「伝統的な儀式を取り入れる」「最新のテクノロジーを駆使した演出」などなど……メンバーの年齢や性別、価値観が違うため、出てくるイメージは当然バラバラでした。

しかし、それぞれの意見について深く考えていくと「両親へ感謝を伝える場」という点で共通していることが分かりました。

そこで彼は、「理想の結婚式」といった抽象的な目標ではなく、チーム全員が共有できる具体的な目標として「両親に感謝を伝える結婚式を作る」というコモンパーパスを掲げたのです。

コモンパーパスがチームのやる気を引き出した！

すると、メンバーの目の色が変わりました。コモンパーパスが定まったことで、どうやって両親に感謝を伝えるかを基準にすべてを考えるようになり、それを具体化するアイディアが次々と湧いてきたのです。

そして、実際に「両親に感謝を伝える結婚式」をした結果、お客様から大絶賛されたのです。その後、この方針は大好評となり、業績も急上昇しました。

業績貢献したこと以上に彼が嬉しかったことは、チームのメンバーとの質の高いコミュニケーションが取れたことでした。共通の目標を掲げれば、メンバーの仕事に対するモチベーションが格段に上がることを確信できたのです。

このリーダーはこう語っています。

もし、目標が「売上1000万円達成」や「顧客の要望に忠実に応える」といったものであったなら、メンバーのやる気はあそこまで湧かなかったでしょう。感情に訴えない目標も以前設定していましたが、正直、何も変わりませんでした。口では売上目標を達成すると言っても、それは上司に対するやる気アピールにすぎません。でも、自分たちで決めた目標だと、リーダーが鼓舞しなくても、自分たちで勝手に動き出すんです。それも笑顔で、楽しそうに。

私も働くのが楽しくなりましたね！

つまり、チームの共通の目標が「両親に感謝を伝える結婚式」という具体的なものであったことで、目標が感情に訴えるものになり、チームの力を引き出したのです。

コモンパーパスがチームをフロー状態にさせる

では、なぜ、チームサイズにあった目標を設定すると、やる気が湧いてくるのでしょうか。

それを説明するための根拠として、フロー理論を紹介したいと思います。

フロー理論は、心理学者チクセントミハイ博士が提唱したもので、高い集中力を発揮するための条件を解説しています。目の前のことに完全に没頭している状態をフロー状態と言います。

例えば、会社員が目の前の仕事に没頭し、時間を忘れてキーボードを打っている瞬間は、フロー状態にあると言えます。仕事でもフロー状態を意識することで、より高いパフォーマンスを発揮し、生産性を向上させることができるのです。

チクセントミハイ博士は、フロー状態に入るためには特定の条件があると提唱しています。

左の図は、横軸に「個人の能力水準」、縦軸に「挑戦水準」を設定したものです。左下から右上に向かって囲まれたエリアがフロー領域を示しています。

この図から、個人の能力と挑戦するレベルのバランスがフロー状態に関係していることが分かります。具体的には、個人の能力が低ければ、挑戦するレベルも低くすることでフロー状態に入りやすくなります。逆に、個人の能力が上がると、それに応じて挑戦のレベルも上げなければフロー状態に入ることが難しくなります。要するに、フロー状態は個人の能力と挑戦のレベルが適切なバランスにある時に実現するのです。

「チームサイズにあった目標」とは、言い換えれば「そのチームのメンバーの能力に見合ったレベルの挑戦」ということになりますよね。だから、コモンパーパスを設定することで、チームがフロー状態に入り、やる気が湧いてくるのです。

ちなみに新庄監督は現役選手時代「チャンスでしか打てないバッターと思われたい」という名言（迷言？）を残している通り、打てば目立てるチャンスに強いクラッチヒッターでした。一方でランナーなしの場面では「集中力が高まらない」と引退後に告白している通り、気持ちにムラがあるような一面もありました。

■フローモデル

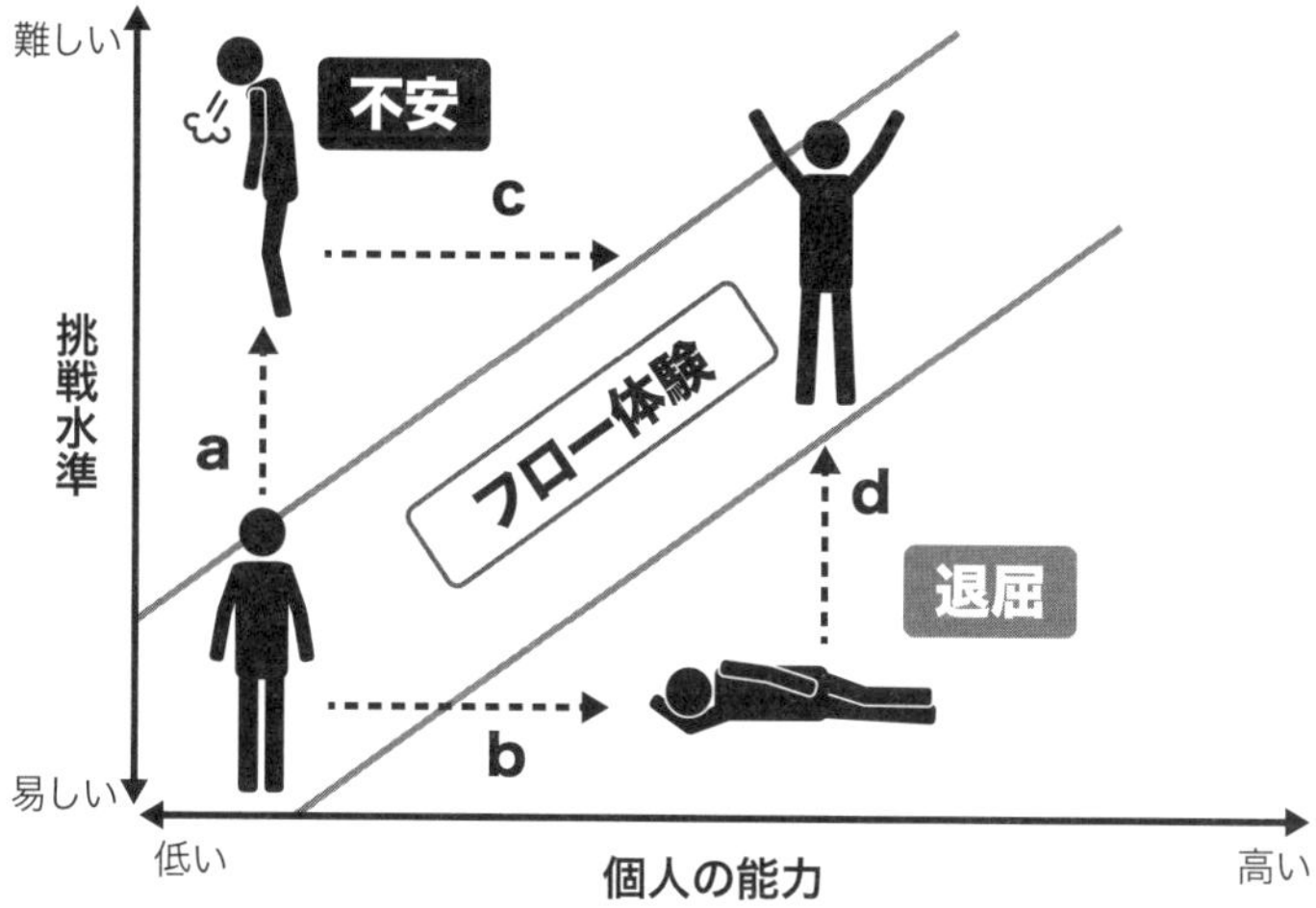

これはまさにチャンスの場面では「挑戦水準」が上がることで「本人の打撃能力水準」とのバランスの中でフロー領域に入ったのでしょう、フロー領域に入ることで結果につながりやすくなったと考えられます。逆にランナーなしの場面では「挑戦水準」が上がらないので「退屈領域」にいたのかもしれません。

3 新庄監督はなぜ「優勝なんて目指しません」と言ったのか？

誰もが驚いた「優勝なんて目指しません」発言

２０２１年11月４日、日本ハムファイターズの新監督に就任した新庄監督の記者会見が、札幌のホテルで行われました。それまでチームは成績が低迷しており、関係者は気分を切り替えるためにも、陽気な雰囲気の新庄監督から、強気の発言を期待していました。

しかし、その期待とは裏腹に、新庄監督の発言は周囲を驚かせました。カメラのフラッシュが点滅する中、新庄監督は「優勝なんか、一切目指しません！」と断言したのです。

報道陣は皆、ポカーンとした表情でした。

「そんなことを言ってもいいのか？」という空気があたりを包みました。

通常は新監督が「優勝を目指します！」と力強く語るものでしょう。しかし、実際には真逆の発言があったのです。

これを聞いた一部の野球関係者やファンからは、「目標は大きく持つべきだ！」「プロとしていかがなものか！」「優勝を目指さない監督なんていらない！」といった否定的な声が上がりました。

しかし、私はこの発言を聞いた瞬間「本質的で率直で素晴らしい発言！」と感激しました。

なぜなら、新庄監督が就任した直後のチームは、決して強いとは言えなかったからです。昨年まで一軍で活躍していた選手のほとんどが退団し、戦力としては焼け野原状態とも揶揄されたような状況で、明らかに戦力ダウンした状態での船出でした。この状況で「優勝を目指します！」と公言するのは、現実的ではないというのが誰の目から見ても明らかでした。

選手のことを考えたからこそのリーダーの言葉だった

このエピソードを、5Cのコモンパーパス（共通の目標）の視点で見てみましょう。

先ほどのフロー領域の図の通り、あまりに高すぎる挑戦水準はフロー状態に入るのを妨げてしまう可能性があります。新庄監督は、選手たちが現実的な挑戦に集中できるよう、挑戦水準を適切に設定したわけです。

その証拠として、新庄監督は「優勝なんか、一切目指しません！」発言の後に、次のように語っています。

「高い目標を持ちすぎると、選手はうまく行かないと思います。1日1日、地味な練習を積み重ねて、シーズンを迎え、その中で何気ない1試合、何気ない1日を過ごして勝ちました。勝った、勝った、勝った……それで9月あたりに優勝争いをしていたら、『さあ、優勝を目指そう！』と気合いの入り方が違うと思います。そういうチームを目指していきたい」

高すぎる挑戦目標は選手に過度なプレッシャーをかけるだけで、逆にパフォーマンスを引き出せなくなる可能性があります。新庄監督のこの決断は、選手たちの成長を考えた賢明な判断と言えるでしょう。

その上で1年目はトライアウト期間であると宣言し、二軍メンバーを含め支配下登録選手全員を一度は一軍で起用すると公言し、選手個々に「自分が生き残るために全力でアピールすること」を求めました。「優勝すること、試合に勝つこと、活躍すること」には相手が必要ですので、自力ではどうにもならないこともありますが、全力でアピールすることは自分自身の能力を出せば良く、プロとしての経験値が浅い選手たちにもできると踏んだのでしょう。新庄監督は挑戦水準をあえて低くし、実力を出しやすくしたのです。

「優勝なんか、一切目指しません！」の英断は、当時のチームの成長フェーズを考えると、結果的に成功へと導く可能性を秘めていたのです。

上司の顔色を見てリーダー風の発言をしてしまった監督も

新庄監督が選手たちのために高すぎる目標を掲げるのを避けた決断は、リーダーシップにおいて非常に重要な姿勢です。このような選択ができるリーダーは少なく、多くの監督やビジネスパーソンは「優勝を目指します！」と大々的に宣言してしまいます。もちろん、それが本心であれば問題はありませんが……。

例えば、２００５年に楽天イーグルスが新しいチームを立ち上げた初年度、イーグルスの監督はテレビのインタビューで「優勝を目指します」と宣言しました。

この時の状況は、近鉄バファローズとオリックス・ブルーウェーブの合併により、この2チームの主力級の選手が合併球団であるオリックス・バファローズへ移籍し、新球団の楽天イーグルスは残りの選手たちでのスタートでした。とても満足な戦いができる選手層ではない中で、監督は「優勝を目指します！」と発言したのです。

もちろん、監督にはチームの戦う士気を高めるための意図があったのでしょう。しかし、そのテレビのインタビュー中の表情には若干の苦笑いが入っていました。そこからは「実際には難しいかも」という心境が読み取れました。

つまり、監督本人も本気で達成できるとは思っていない目標を公言してしまったのです。球団オーナーや上層部の期待に応えようとするあまり、現実的な状況を無視してしまったのでしょう。

監督は、実際は中間管理職です。選手からは上司として見られる一方で、球団オーナーや球団フロントからすれば部下の立場。そのため、選手の実力や実情よりも、上層部の期待に応えなければならない、というプレッシャーがあったのではないでしょうか。

監督としては難しい状況だったとは察しますが、こうした発言は、真のリーダーシップからはほど遠いものです。むしろ「リーダー風の発言」に過ぎなかったと言えます。残念ながら、その監督はその後結果を出せず、1年で解任されてしまいました。

このように「リーダー風の発言」をしてしまう状況は、会社でもよく見られます。リーダーが現実的でない目標を掲げ、上層部や周囲の期待に応えようとする姿勢は珍しくありません。

しかし、本能的に我々は知っています。リーダーの表面的な振る舞いや体裁を気にした発言・言動に心は揺さぶられないことを。人間は無意識のうちにそれを見抜いてしまうのです。

最悪なのは、リーダー風の体裁良く耳あたりが良い発言をしていることをメンバーには見抜かれているのに、自分では気づいていない場合が意外と多いことです。

私たちが新庄監督就任記者会見で心を惹きつけられたのは、新庄監督が本音・本心で語っていることが、多方面に忖度し炎上を気にしなければならない時代に、鮮やかに映ったからでしょう。

「高い目標を立てた方が成績が上がる」は嘘⁉

とはいえ「理想は高く大きい方がいいんじゃないか？」と思っている方もいらっしゃるでしょう。

私たちは漠然と「目標設定の高さは業績向上に貢献する」と考えがちですが、果たして本当にそうなのでしょうか。

実際には、それを証明する確固たるデータというのは存在しないのです。

このことを明らかにしたのが、著名なリーダーシップと組織心理学の専門家であるマーカス・バッキンガム氏です。彼は世界を代表するコンサルタントの一人で、著書が世界各国で翻訳され、『さあ、才能に目覚めよう』『最高のリーダー、マネジャーがいつも考えているたったひとつのこと』などは日本でもベストセラーになっています。

バッキンガム氏は、目標設定が業績にどのように影響するかを調べるために多くの研究を行いました。最初は、目標設定をすることで業績が向上するものと思っていたようですが、実際はまったくの逆でした。目標設定をすることによって業績が下がるケースが多く見られたのです。

実は、あまりにも高い挑戦目標が設定されると、人々は不安になり、適切な行動ができず、時には不正を働くような結果を招くことすらあるのです。

目標達成を重視しすぎると逆効果になる理由

具体的なビジネスの例として、営業部での話をしてみましょう。

例えば、月の営業目標として５００万円の売上目標を設定されたとします。そして、営業パーソンが月の半ばでこの目標を達成し、その後で、運良く新たに２００万円の契約が取れそうになった場合、通常であればその２００万円の契約を取って、７００万円達成を狙うと思いますよね。

しかし、この営業部は目標達成にとても厳しかったのです。するとこの営業パーソンは「今月の目標は達成したので、２００万円は来月に持ち越そう」と考えて、営業活動にブレーキをかけてしまいます。もちろん、この２００万円の新規契約が来月必ず取れるという保証はないのに。

このように、目標達成を重視しすぎると、営業パーソンは上司に怒られないように、会社の売上よりも、個人の目標達成を目的にしてしまうことがあるのです。

また、目標達成のプレッシャーから、契約書や売上記録の改ざんが行われることもあります。例えば、営業担当者が目標達成のために実際には存在しない取引や売上を虚偽報告するケースがあります。

こうした不正行為は、短期的には目標を達成しているように見えるかもしれませんが、長期的には企業の信用を損ない、深刻なリスクをもたらすことになります。

コモンパーパスのように、チーム単位で納得できる定性目標が入った目標とは異なり、上層部から一方的に指示される数値目標は、個々の能力や感情を無視して設定されることが多くあります。そのため、実際には逆効果を招いていることも多々あるのです。

挑戦領域を適切に設定するのがリーダーの役割

プロ野球の世界では、結果を出さない選手には「戦力外通告」が下され、チームから外されることがあります。パフォーマンスが不十分であれば、残念ながら外されるのです。

しかし、これはあくまでプロ野球の話で、企業ではもっと複雑な状況が待っています。企業においては、結果を出さないからと言ってすぐに「クビ」にするわけには行きません。プロ野球のように、一軍、二軍、育成枠と選手層を厚くし、簡単に人を入れ替えることはできません。企業は従業員を選抜するというよりも、むしろ既存の人材の能力を最大限に引き出すことが求められます。

第1章でもお伝えした通り、私たちは労働力不足の時代に突入しています。労働市場には、企業が求めるスキルや能力を持った人材が不足しており、簡単に代わりを見つけることが難しくなっています。だからこそ、令和型のリーダーは、今在籍しているメンバーの能力を引き出すことが生き残りの鍵となるのです。

そこで重要なのは、挑戦水準を適切に設定することです。高すぎる目標を掲げると、不安やプレッシャーから思うようなパフォーマンスを発揮できないことがあります。

リーダーとしての役割には、単に目標を設定するだけでなく、その目標がチームの能力と調和し、達成可能であるように調整することも含まれます。挑戦領域を適切に設定し、現実的な目標を持つことが、チーム全体の力を最大限に引き出すことになるのです。

4 新庄監督が考える「プロ野球の存在意義」とは？

監督就任時のコメントで見せた新庄監督の視座の高さ

２０２１年10月29日、新庄監督は自身のX（当時はTwitter）に日本ハムファイターズの新監督に就任したことを伝えた後、以下の一文を掲載しました。

「プロ野球の存在意義はそこの街に住む人たちの暮らしが少しだけ彩られたり、単調な生活を少しだけ豊かにすることに他なりません」

この言葉が登場するのは、私が知っている限りでは2回目です。２００６年の現役時代にも、当時の報道陣に向かって、同じ内容のことを語っていました。

プロ野球の存在意義は
そこの街に住む人たちの暮らしが

少しだけ彩られたり、
単調な生活を少しだけ豊かにすることに
他なりません。
その裏側に誰を笑顔にするのかを
常に心に秘めて
新庄剛志らしく突き進んでいきます！

これは新庄監督のコモンパーパス、別の言い方をすると理念、モットー、ミッション、指針と言えるでしょう。新庄監督個人の価値観ではあるものの、これを見た瞬間にハッとさせられた方も多いのではないでしょうか。

通常プロ野球の監督は、勝つためにWhat、Howを考え実行するのが役割です。しかし新庄監督はそもそもの観点・視座に立ちプロ野球の存在意義というWhyに言及したのです。「なぜ、何のためにプロ野球は存在しているのか?」というテーマに対し新庄監督の想いを明確にＳＮＳで発信したのです。

プロ野球の存在意義という壮大で深いテーマを考え発信する監督はこれまでいませ

んでした。ＳＮＳでチーム内外、全世界に発信してしまうところが新庄監督ならではですよね。

リーダー自らのコモンパーパスを示す大切さ

新庄監督の今までのプロ野球監督との違いは「視座の高さ」にあります。通常の監督であれば預かったチームをどのように勝たせるかを考える視座に留まりますが、それ以上の高い視座でプロ野球の存在意義がどうあるべきかについて自身の想いを明確に打ち出したところに我々ファンは感銘を受けました。

そしてこのようなコモンパーパスを打ち出した監督ならば、きっとファンが喜ぶことをしてくれそうだという期待感、すなわちファイターズに対してのエンゲージメントが高まったのです。

チームでのコモンパーパスを作るにあたり、リーダーの個人的な価値観を明確にし、それをメンバーに伝え、その価値観に沿うような形でチームのコモンパーパスを作るのはとても有効な方法です。リーダーが何を考え、何を大切にし、どのような価値観を持っている人なのかをメンバーが知ることができるので、チーム内に安心感が醸成され、その中でメンバーが精一杯できることをやろうとするのです。

戦力が充実していないチームでもできることはある

なお、ここで語られている「彩り」が何かと言うと、ファンにとっての喜び、つまりはファンサービスのことだと私は感じました。

本来、プロ野球において、チームを優勝させることが最大のファンサービスです。しかし、それができるのは戦力の充実した限られたチームだけです。

だからといって、弱い発展途上のチームは何もファンサービスができないかと言ったら、そんなことはありません。勝つこと、優勝以外のことでも、やり方によっては十分ファンを喜ばせることができます。

その代表例が、2023年の日本ハムファイターズの秋季キャンプでしょう。

プロ野球のキャンプは、沖縄のような温暖で選手の身体に負担にならない土地で行われることが通例でした。しかし、それだと地元北海道のファンにとっては遠方になるため、気軽にキャンプ観戦に足を運ぶことは難しくもありました。

新庄監督の就任2年目の秋のキャンプ地は、早くもこの常識を覆しました。沖縄ではなく、地元の北海道で開催したのです。開催場所は本拠地であるエスコンフィールドHOKKAIDO。開閉式の屋根つき球場なので、北海道の寒い秋でも問題ないわけです。

もっとも、エスコンフィールドで秋季キャンプをすることになった発端は、新球場元年、癖のある天然芝に内野手が手を焼きエラーが頻出したことでした。エスコンフィールドの芝に慣れるために、この球場で練習を重ねる必要があったのです。そして新庄監督はこれを好機と捉え、ファンサービスの絶好の機会にしたのです。

実際にキャンプ中は、選手の練習だけでなく、ファンとの交流イベントも充実していました。例えば、じゃんけん大会やストラックアウト大会を開催し、ファンにプレゼントを配るなど、かつてのキャンプの概念を覆す取り組みが行われました。これにより、地元のファンとの絆、エンゲージメントはさらに深まりました。

通常のプロ野球キャンプでは、こうしたファンサービスは見られません。しかし、新庄監督はこのようなアイディアを実現し、ファンの心をつかみます。

沖縄でのキャンプだと多くのファンが現地に来るのは難しいため、地元でのこうしたキャンプはファンにとって貴重な機会となりました。２０２３年のシーズン終盤には最下位が決まってしまう状況でも、このようなファンサービスによって、まさに「そこの街に住む人たちの暮らしが少しだけ彩られた」のでした。

新庄監督のコモンパーパスが「三方良し」を生み出した

さらにもう一つの観点として、この秋季キャンプは近江商人よろしく「三方良し」の素晴らしいものでもありました。

一つ目のよしは、地元北海道のファンです。プロ野球選手の技を間近で見られ、イベントも楽しめ、ファイターズに対しさらにエンゲージメントが高まりました。

二つ目は、選手たちによし。練習といえども観客の視線が集まると、やはり緊張感が違います。天然芝への対策も含めて実践的な緊張感ある練習ができました。

三つ目は、球団の利益によし。遠く沖縄ともなると選手、スタッフ全員の旅費宿泊料は馬鹿にはなりません。それが浮いたばかりかエスコンフィールにファンが集まるということは、それだけで飲食を伴い、さまざまなグッズも売れていくわけです。

街を彩るファンサービスをしながら利益も上がる、スポーツビジネスのお手本とも言える素晴らしい企画でした。その発端は新庄監督のコモンパーパスの視座の高さから始まったと言っても過言ではありません。

あなたのチームのコモンパーパスを決めるには？

起点になるのはリーダー自身の価値観

ここまで読んでいただければ、コモンパーパスの大切さは十分にお分かりいただけたかと思います。さあ、あなたも新庄監督に倣って、あなたのチームのコモンパーパスを決めてみましょう。

最近のリーダーシップ理論の一つに、オーセンティックリーダーシップというものがあります。リーダーが自分に正直になり、自分の価値観に従ってチームを率いるというものです。その上で、コモンパーパスをメンバーと一緒に作り上げていくことが求められます。

この際、上司に受け入れられやすい数値目標を作るのではなく、自分の信じる道を貫くことが大切です。新しい試みは強い抵抗に遭うこともありますが、それでも自分が信じる未来や「楽しい仕事」を目指す覚悟が重要です。

リーダーは、つい上司が喜ぶような数値目標を設定してしまいがちですが、そうした目標はリーダーらしい振る舞いに見えても、時にメンバーの感情に配慮しない傾向があります。数字だけを目標にすると、それは会社の都合のみを反映したものになり、メンバー一人ひとりの声や感情を反映することはないのです。

メンバー一人ひとりの感情やモチベーションが考慮されていない目標は、彼らの心に火をつけることはできません。目標設定の際には、メンバーがその目標に対し共感し、燃えることができ、モチベーションが上がるかが判断基準となります。もしそうなれない目標であれば、見直すべきかもしれません。

完璧なコモンパーパスをすぐに出すのは難しいでしょう。目標設定は継続的なサイクルであり、進めていくうちに徐々に明確になっていくものです。そして、ゴールは状況に応じて変化しても構いません。まずは仮でも良いので、コモンパーパスを定めて動き出しましょう。

インナー軸とアウター軸の2つの視点からアプローチしよう

なお、実際にコモンパーパスを作り上げていくプロセスとしては、インナー軸とアウター軸の2つの視点からアプローチしていくことをおすすめします。

①インナー軸

インナー軸とは、チームの内部に焦点を当ててコモンパーパスを決定するアプローチのことです。商品やサービスに対する愛着があまりない場合や、商品自体を変更もしくは手を加えることが難しい場合には、このインナー軸が特に重要になります。

この場合、まずはチームとして「どのような存在でありたいか」を深く考えることから始めます。例えば、「石原軍団のように男らしさと清潔感が溢れるチームにしたい」「ルパン三世のようにオシャレでユーモアがあり個々は大人で、いざとなったら助け合うチームにしたい」など、チームの雰囲気に合うキーワードが固まれば、そのイメージをメンバー間で共有しやすくなります。

これにより、チーム内の一体感が生まれ、共通の目的に向かって協力しやすくなります。

②アウター軸

アウター軸とは、外部に向けたコモンパーパスの決定を指します。これは、チームが顧客に提供する商品やサービスに対してこだわりや愛着があり、それらを変化させたり改良したりことができる場合に特に有効です。

例えば、先ほど紹介をしたブライダルの事業であれば、チームの内部の状態が良好かどうかはお客様に直接関係ありません。しかし、ブライダルが提供する「両親に感謝を伝える結婚式」というサービスは、お客様にとって非常に重要なことです。

このように外部に対してどのような価値を提供するかを明確にすることで、チームの目標とお客様の満足度が一致しやすくなります。これがアウター軸です。

もちろん、何をコモンパーパスとして設定するかは、チームの自由です。

ただし、インナー軸から始まりアウター軸へと展開し、関わる人々が増えていくほど、その影響力は高まります。インナーからアウターへと視点を広げることで、チームの目標がより多くの人に支持され、成果が大きくなるでしょう。

一つだけ断言できることは、コモンパーパスを作り上げる過程は、とても楽しいということです。ぜひ目の前の業務からひとときだけ離れて、チームメンバーとそもそもの自分たちの目指すコモンパーパスについて話してみましょう。実際に話してみると、意外なメンバーが熱い気持ちを持っていたりするものです。

第3章

スタッフの自主性を引き出す「コネクション」

1 コネクションとは何か？

コモンパーパスと個々のメンバーをつなげるために

では、ここからはコネクション（Connection）について解説をしていきます。

5Cで言うコネクションとは、チームで作ったコモンパーパス（共通の目標）にチームのメンバーを結びつけることです。そのためにリーダーが取るべき姿勢や言葉、行動のことを指します。

チームは、一丸となって行動することで最大の効果を発揮します。しかし、仕事をする上での動機やモチベーションは人それぞれ異なります。リーダーとしては、関わるすべての人に働きかけ、どのように目的につながってもらうかが課題となります。

そのために必要になるのがコネクションです。

キーワードは「納得」と「共感」

コネクションを考える際に重要なキーワードは「納得」と「共感」です。

例えば、コモンパーパスを決めたとしても、それに関連する会議にリーダーが毎回遅刻していたら、周りの人たちはどう思うでしょうか。「その会議はリーダーにとって重要ではないんだな」と判断されてしまいますよね。

リーダーがいくら「皆が働きやすい環境を作りたい」と口で言っていても、行動が伴わなければ嘘だと判断するのが人間です。

また、誰かを評価する際も同様です。コモンパーパスの取り組みによって、一度は売上目標などのノルマを撤廃したとしても、「数字を出している人が偉い」という基準で評価してしまうと、スタッフは何を基準にして頑張れば良いか分からなくなります。

チームが何を大事にするかを決めたら、その実現に向かって行動しないと「納得」や「共感」にはつながりません。

言葉と行動の一致がコネクションの要

もし、コモンパーパスに対して適切な行動をしていない姿を、周りのスタッフに見られ続けたらどうなってしまうでしょうか。

信頼を失うのは当然として「口だけのリーダー」と思われることで、せっかくコモンパーパスを決めて、燃え上がったメンバーのやる気に対して、あなた自身が冷や水をかけることになるのです。

共通のゴールを作ったとしても、実際に行動が伴わなければ意味はありません。言葉と行動の一致を図ることが、コネクションの要です。

ビジネスの現場では、リーダーシップは行動で示すものです。納得と共感を得るためには、リーダー自身が一貫した行動を取り、メンバーとの信頼関係を築くことが重要です。

これにより、チーム全体が一丸となってコモンパーパスに向かうことができるのです。

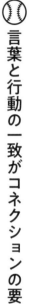

2 なぜ新庄監督は「BIG BOSS」と名乗ったのか？

監督と呼ばないで

新庄監督が就任した際の伝説の就任記者会見。「今後の指針や目標は何になるのか？」と関心を持つ報道陣に対して、新庄監督の発言は衝撃的でした。

「監督って、皆さん呼ばないでください。BIG BOSSでお願いします。新庄監督とかは、僕にはいらないですね。なんだか監督っぽくないじゃないですか。BIG BOSSでお願いします。選手も！」

そして、BIG BOSSと書かれた名刺を報道陣に配り始めたのです。

これを見た時、冗談抜きに私は鳥肌が立ちました。

「すごすぎる、やっぱり新庄さんは本質的すぎる！」と感じました。

「優勝を目指しません！」と宣言した以上、「監督」という呼び名にこだわる必要はないと考えたのでしょう。むしろ、堅苦しくて逆効果になると。なぜなら「監督」という響きには選手を文字通り「管理監督し、勝利にこだわる存在」といった固定概念が含まれているからです。

「BIG BOSS」という呼称に秘められた新庄監督流のコネクション

新庄監督の描いたコモンパーパス（共通の目標）は「街に彩りを与える」こと。つまりは圧倒的なファンサービスを提供することでした。

他には「優勝なんか一切目指しません」からの「1年間はトライアウト期間」も方針という意味でコモンパーパスと言っても良いでしょう。そして「楽しむ」というのも新庄監督の根底にある価値観、方針、コモンパーパスです。

要するに「自分たちファイターズは街に彩りを与える集団で、1年目は優勝ではなくトライアウト期間であり、生き残るために目の前のことに夢中になって楽しもうぜ！」と言っているのです。

その段階では監督という語感に違和感があり、しっくりくる呼称を考えた時にBIG BOSSだったのだと思います。コモンパーパスを体現するための呼称であり、まさに新庄監督流のコネクションと言えるでしょう。

ちなみに、新庄監督が提案した「BIG BOSS」という呼称は、彼がバリ島で生活していた時に生まれたようです。現地の人と交流をしていくうちに親しみを込めて「BIG BOSS」という愛称で呼ばれたのが始まりです。

監督という言葉が持つ印象とはまったく異なりますよね。BIG BOSSには、選手の成長を願う兄貴分のような印象があるので、ワードチョイスの細やかさに長けている、コメント上手な新庄監督の特性がはっきり表れていました。

自己認識を変えれば行動も環境も変わる

「呼び名一つ変えただけで大げさだ！」

そう思われるかもしれませんが、実はこれが非常に影響のある重要なことなのです。呼び名を変えることは5Cのコネクションを体現する以外にも、もう一つ大きな効果があります。なぜなら、人は「自分がどんな人間であるか」と自分で定義すると、考え方も行動も変わってくるからです。

一つ、例を挙げましょう。

世界でも名の知れた一流ホテル、ヒルトンホテルの創業者、コンラッド・ヒルトン氏の話です。ホテル王と呼ばれるほどの成功者になったヒルトン氏ですが、彼は若い頃、学歴も職歴も特別なスキルもなく、一般的なベルボーイとして働いていました。

後年、彼が大成功を収めた後のインタビューで、インタビュアーが「ただのベルボーイが、どうやって成功できたんですか？」と質問をしたことがあります。

するとヒルトン氏は答えました。

「ベルボーイが成功してホテル王になったんじゃない。ホテル王がベルボーイから始めたんだ」

つまり、ヒルトン氏は最初から自分のことをホテル王だと自己認識をしていたのです。

「ホテル王だったらどう行動するか？」

「ホテル王だったら何を言うか？」

その確固たる自己認識があったため、周りの環境がそれについてきたのです。これはセルフプロデュースを語る上で非常に重要な話です。

NLP理論でも自己認識は上位概念

■NLP理論における概念の層

自己認識の重要性を理解するために、NLP理論を簡単にお伝えします。NLPとは神経回路（Neuron）、言語（Linguistic）、プログラム（Programming）の頭文字を取ったもので、脳と心のマニュアルと呼ばれている理論です。心理セラピーやカウンセリングの現場から生まれた実践的な心理学で、コミュニケーション能力の向上につながることからビジネスシーンでも広く使われています。

NLP理論では、人の心の中は概念が層のようになっており、上位概念に何を置くかによって人の考え方や行動が変わるとされています。例えば、自分を「周囲を笑顔にするリーダー」と認識すれば、それらしい行動や発言が自然と取れるようになるというものです。

そして、周囲を笑顔にするリーダーらしい行動や発言をすることで、周りの人々もその人をリーダーとして認識し、信頼するようになるのです。

つまり、自己認識が、ビジネスにおいて成功を収めるための鍵だと言えるでしょう。ヒルトン氏の話で言えば、ヒルトン氏は「ホテル王」という自己認識のレベルがあったため、それに従って考え方や行動を決めていたということです。

上位概念を変えればすべてが変わる

もう少し分かりやすくするために、日常的な仕事の話をしましょう。

もし、あなたが「自分は組織の歯車である」と「自己認識のレベル」で思っていたとしましょう。すると、その下の層に来る「信念・価値観のレベル」では、自分では組織は変えられないと考えるようになります。そうなると「能力レベル」ではリーダーとしての能力が身につくことはありません。さらに、自身を組織の歯車だと認識していれば「行動レベル」で周りと関わることを面倒くさがり、チームと関わる機会は激減します。そんなリーダーであれば、当然周りはついてきません。そして最後にあなたは思うのです。

「周りのスタッフは何も分かってくれない。私はなんて非協力的なメンバーに囲まれているんだ」

しかし、上位概念を変えることができれば、状況は一変します。

まず、「自己認識レベル」で「私は組織を変えていくリーダーである」と思えたとしましょう。すると、「信念・価値観のレベル」では、すべては自分次第だと思うようになるので、積極的になります。すると「能力レベル」ではリーダーに必要な能力を自分から養うようになり、その結果、「行動レベル」で周りを巻き込むようになります。すると、周りのスタッフは「今度のリーダーは違う。本気だ！」と思うようになって、関わり方も変わってきます。そしてあなたは思うのです。

「なんて協力的なメンバーに囲まれているんだ」

このように、上位概念である自己認識を何にするかで、考え方も、行動も、そして自分を取り巻く環境も変えられるのです。自己認識というのは、それほどまでに大きなパワーを秘めているのです。

■上位概念が下位概念に与える影響

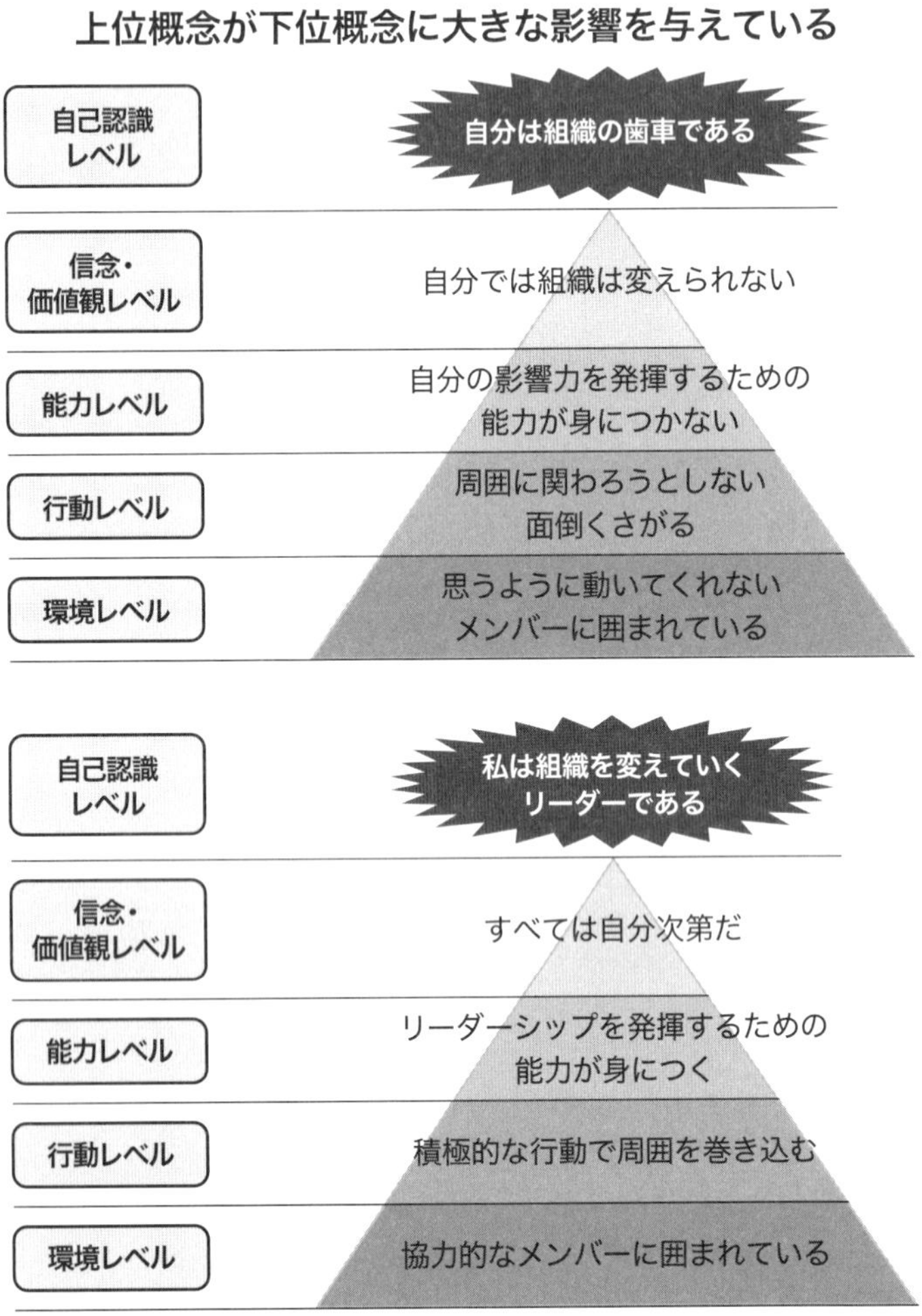
上位概念が下位概念に大きな影響を与えている
自己認識レベル
自分は組織の歯車である
信念・価値観レベル
自分では組織は変えられない
能力レベル
自分の影響力を発揮するための能力が身につかない
行動レベル
周囲に関わろうとしない
面倒くさがる
環境レベル
思うように動いてくれない
メンバーに囲まれている
自己認識レベル
私は組織を変えていくリーダーである
信念・価値観レベル
すべては自分次第だ
能力レベル
リーダーシップを発揮するための能力が身につく
行動レベル
積極的な行動で周囲を巻き込む
環境レベル
協力的なメンバーに囲まれている

私は多くの企業で管理職向けのリーダー研修をしてきましたが、リーダーとして行動レベルだけ変えたとしても、それは長続きしません。結局は付け焼刃で終わってしまいます。そうならないように、行動の継続、考え方の継続を通して、最終的には自己認識に「組織を変えられるリーダーである」という概念を持ってもらうのです。

自分の呼び名なんてどうでも良いと思わず、そこにこだわることで見えてくるものがあることを意識してください。

新庄監督が2年目に「BIG BOSS」を撤回した理由

さて、新庄監督の「BIG BOSS」の話には、続きがあります。

最初は監督という表現がしっくりと来ないからという理由で、就任1年目は自分のことを「BIG BOSS」と名乗っていた新庄監督ですが、何と2年目からは前言を撤回。自分のことを新庄監督と呼ばせるようになります。

「おいおい、話が違うじゃないか！」

そう思うかもしれませんが、コネクションの概念を理解した今なら、名称を変えた理由も理解できると思います。

就任1年目はトライアウトの時期で、優勝するという挑戦を外しました。しかし、就任2年目に突入し、本気で優勝に向けて動く時期と踏んだ新庄監督は、自分の呼び名を「監督」にしたのです。

結果はさておき、ここで私が伝えたいのは、新庄監督はその時々のチームの成長フェーズによってコモンパーパスを変え、それに合わせて呼び名も変えていたということです。

リーダーという肩書きがプレッシャーなら自分らしい肩書きを考えよう

ここで、この本を読んでくださっているあなたに質問です。

職場でリーダーの役職をもらった時、あなたは最初、どういう気持ちになりましたか？

「自分なんかにリーダーはできない」

「リーダーは人を束ねる人だけど、自分にそんな力はない」

このようにリーダーという言葉の持つプレッシャーを感じて、嫌な思いをしたかもしれません。

でも、嫌々やっていたら、仕事を楽しむことなんかできません。もし、そんな経験があったとしたら、まずはリーダーという言葉の重荷だけでも取り払いましょう。

そのためにリーダーという肩書きではなく、自分で好きな呼び名を考えてみましょう。自分が楽しくなるような肩書きを作ってみてください。

その呼び名は、半年や1年だけの仮置きでもいいのです。新庄監督だって、1年経ったら監督と名乗ったのです。あなただって、自己認識や取り巻く環境が変わり、胸を張ってリーダーと名乗りたくなったら、そうすれば良いだけです。

新しい肩書きを作る時は、ぜひ、「自分らしさ」を引き出せるような名前にしましょう。

「長男だから我慢しなさい」

「女の子だったらこれをしなさい」

そういう言葉によって、人は自分らしさを手放してしまうことが多いのです。リーダーという、画一的な肩書きに自分を押し込まれることに抵抗があるのなら、自分らしさを活かした肩書きに変えれば良いのです。

さっそく今から、新しい肩書きを考えてみましょう。そして自分らしさを活かし、自分が燃えるような肩書きができたら、それを名刺に刷って、周りに配ってみましょう。そこまでできないのであれば、心の中だけでも、その肩書きを刻み込んでください。なりたい自分になるために、新しい肩書きという旗を立てるのです。

ヒルトンホテルの創始者は「ホテル王」でした。

新庄監督は「BIG BOSS」でした。

では、あなたが楽しくなる新しい肩書きは……？

3 なぜ新庄監督は審判とハイタッチするのか？

新庄監督にとっては「敵に教えを請う」のも当然の行動

2022年5月8日、日本ハムファイターズ対西武ライオンズの試合前の練習中に、ある出来事が起きました。西武ライオンズのとある強打者が新庄監督の近くをたまたま通りがかった時、新庄監督が「教えたって！」と、ファイターズの若手の注目株、万波中正選手にホームランを打つ秘訣を教えるように頼んだのでした。

試合直前の敵チームの主力打者に教えを請うなんてことは、普通ならタブーとされそうなことです。しかし、新庄監督はさも当然のことのようにさらっとお願いしました。

そして、ライオンズのその選手も「（万波選手の）あの身体をうまく使った時には勝てなくなると思うけど、敵だから教えないということはない。12球団の良い打者を見るのは楽しいです」と出し惜しみをせずにホームランを打つコツを教えたのです。教える男気も素晴らしいのですが、やはり、この流れを作ったのは我らが新庄監督です。

新庄監督は、なぜこのような行動に出たのでしょうか。それは新庄監督のコモンパーパスが「野球で街に彩りを与えること」だからです。

深読みするならば、そこには「野球全体の繁栄」という想いがあって、敵チームや味方チームという区別はありません。もし、他のチームからバッティングのコツを教えてもらって技術が上がれば、良い試合につながってファンは喜びます。もちろん、ファンとしては応援するチームに勝ってほしい気持ちはありますが、野球全体の魅力が向上することは、巡り巡って自分たちの喜びや利益になります。

コモンパーパスを体現し周囲へ示すコネクション的な行動とは、このようなさりげない行動で示されるものなのです。時に宇宙人と言われてきた新庄監督の言動は、常にコモンパーパスとつながっています。

言動だけを見ると特異にも映りますが、背景にあるコモンパーパスを考えると自然なものに見えてきます。

常日頃から「街に彩りを」と考え重要視しているからこそ、前例にないことや常識外のことが発想できるのでしょう。12球団全体をまとめた球界全体の発展を願う「プロ野球株式会社の代表」のような、視座の高い行動と言えるでしょう。

相手チームのチアガールまで巻き込んだ「きつねダンス」

新庄監督の「プロ野球株式会社の代表」的なオープンな行動はこれだけではありません。選手を応援するチアリーダーに関しても同じことが言えます。

２０２２年の新語・流行語トップ10にも選ばれた「きつねダンス」。ファイターズのチアガール「ファイターズガール」が始めたダンスですが、ユニークでキュートな動きが目を引くことから一気にＳＮＳで大人気になりました。

球場で披露されるだけでなくさまざまなメディアでも取り上げられ、その年の紅白歌合戦にまで登場するほどになっています。

今ではきつねダンスはエスコンフィールド全体で一体感を作り、盛り上げるのに欠かせないものとなりました。対戦相手チームのチアガールと一緒にきつねダンスを踊るようまでなっています。

敵味方関係なく、良いもの・盛り上がるものは共有し一緒になって楽しむ。これも「街を彩る」という新庄監督のコモンパーパスを示した行動の好例です。まさにフリー・フラット・ファンを象徴する時代の動きだと言えます。

審判とまで笑顔でハイタッチ！

さらに、もう一つ言わせてください。選手、チアリーダーときて、次に巻き込んだのは審判です。

プロ野球では、試合が始まる前に両軍の監督と審判員全員がホームプレート付近に集まって、メンバー表を交換する儀式があります。これはただの儀式のようなもので、今までは監督同士が握手をするだけで特にファンが沸くようなことはありませんでした。

しかし、新庄監督は2023年から、握手ではなく笑顔で楽しそうにハイタッチをするようにしたのです。しかも、相手チームの監督とだけでなく、審判も含めて。

公平なジャッジを求められる審判は、時に選手や監督からの憎まれ役をやらなければいけません。その審判員とも「一緒に楽しい試合を作ろうね」と言わんばかりの笑顔でのハイタッチ。審判の皆さんも最初は困惑しつつも、正直嬉しかったのではないでしょうか。審判員をも仲間にして、笑顔を引き出したその光景にファンは喜んだのです。

どうやら新庄監督のコモンパーパスの前には、敵や味方なんて小さな基準は関係がないようです。そのことをさまざまなコネクション的行動で示した事例でした。

ちなみに実は、試合前の相手監督、審判員とのハイタッチはファイターズが勝った翌日の試合ではやりません。これは負けた相手への配慮だそうです。どこまで視座が高く相手視点を持っている監督なのでしょうか。

敵味方関係ない組織が発展するのは歴史的事実

新庄監督のように敵や味方で明確に分けない選択は、ビジネスとしても有益です。なぜなら、情報を抱え込まずにオープンにした方が、業界全体の利益につながり、巡り巡って自分の利益にもなるからです。この事実は、歴史が証明してくれています。

アメリカのエコノミスト誌のブック・オブ・ザ・イヤーを連続で受賞した書籍に『OPEN』（ヨハン・ノルベリ著）というものがあります。２０２２年に日本語版が販売された時の副題は『「開く」ことができる人・組織・国家だけが生き残る』というものでした。

この本によると、ノルベリ氏が人類の歴史を調べた結果、情報、市場、人などをオープンにしてきた組織だけが生き残っているそうです。なぜなら、他者を受け入れる寛容さや、多文化を尊重することが、自らの文明を飛躍させる力となるから。文明は交流によって栄えるのです。

逆にクローズドな社会にいると、いつしか人はゼロサム思考に陥ってしまうようです。

ゼロサムとは、例えばAとBがいた場合、Aが利益の100を取るとBが100の損害を受けてしまい、利益と損害の合計がゼロになるという状態です。そうなると、Bが利益を得るためには、Aの足を引っ張ることになります。こうして足の引っ張り合いが起きると、組織の力は低下し、やがて他の組織に乗っ取られてしまいます。

もしこれがオープンな視野を持っていたら、Bは Aとは違う市場を見つけて、それぞれ100の利益を得られるかもしれません。するとAとBがいる組織は合計で200の利益を得られることになります。

このように、オープンな組織はどんどん発展し、クローズな組織の力はどんどん弱まってしまいがちだ、というのがノルベリ氏の主張です。

インスタントラーメンの技術をオープンにして成功した日清食品

実は、これを実践した企業の事例もあります。インスタントラーメンの技術を開発した日清食品の安藤百福社長の話です。

今でこそ国民的な日常食になったインスタントラーメンですが、その発明は１９５８年にまでさかのぼります。お湯を注ぐだけで簡単に食べられるインスタントラーメンの技術は、当時としては画期的な大発明でした。そのため百福社長は、最初は製造技術の特許を取って、情報を独占しようとしていました。

ところが、あまりの人気のために類似商品が一気に出回ってしまったのです。そして、その中には粗悪品が多く、インスタントラーメンに対するネガティブなイメージを持つ人々が出始めました。

「このままではいけない」と思った百福社長は、一大決心をします。１９６４年に特許の一社独占をやめて、オープンにしたのです。

この決断をした時の百福社長の名言「日清食品が特許を独占して野中の一本杉として栄えるより、大きな森となって発展した方がいい」は未だに語り継がれています。

情報をオープンにするという大英断によって、インスタントラーメンというジャンルが発展し、それを販売する日清食品も大企業へと成長しました。もし、百福社長が敵味方にこだわり続けて情報を独占していたなら、インスタントラーメンは現在のような国民食にはなっておらず、日清食品も今のような大企業にはなっていなかったかもしれませんね。

ビジネスの現場でコネクションを行うには？

コネクションを活用するための3つのステップ

新庄監督流のコネクションを学んだところで、実際にビジネスの現場でコネクションを行うにはどうすれば良いかを紹介しましょう。基本的には次の３つのステップで考えます。

ステップ①仲間を集めて、アイディアを出し合う

まず、仲間を集めて話し合うことから始めます。皆で話をすることは、この後の章で紹介するコミュニケーションにもつながっていくので、一人で勝手に決めないようにしましょう。

話し合うテーマは「言語化したコモンパーパスを、どうやったら具体化できるか？」

です。具体化の方法は一つではないので、それぞれの立場や考え方を尊重して、相手のアイディアを批判するようなことは控えましょう。

ステップ②出てきたアイディアを集約していく

次に、ステップ①で出てきたアイディアを集約していきます。アイディアの中には、商品やサービスの改善を促すものだけではなく、社内のルールを見直す案なども出てくるでしょう。

アイディアを集約する時は、もう一度5Cの原点であるコモンパーパスの内容に沿っているかに照らし合わせます。話し合っているうちに売上目標の話になってしまって、せっかく無味乾燥な数字の目標を撤廃したはずなのに数字の話になっていることがあります。コモンパーパスは、スタッフがやる気を引き出されるような目標だったはずです。最初の目的からズレないようにするのが、ここでのポイントになります。

ステップ③それでもしっくりこない場合は社会性をつける

良いアイディアが浮かばない時は、社会性を取り入れるという手があります。

私が携帯電話の販売店で店長をしていた時の話を紹介しましょう。

携帯電話の販売店の売り物は、そのものずばり携帯電話です。しかし、携帯電話は大量生産されているので店舗によって商品が変わるわけではありません。また、たくさん売ったからと言って、飲食店のように目の前の人が美味しそうに食べる姿に、喜びを感じることもできません。そのため、携帯電話を売ることに対して、スタッフはモチベーションが上がりづらいのです。

その時に私たちのチームは、携帯電話の契約が１つ取れるたびに「世界の貧しい子にワクチンを１本送ろう」というアイディアを掲げたのです。これによって、無機質で達成しなければいけないただの数値目標だったものが、「自分が成果を出すことで、遠い世界にいる子どもたちの笑顔につながる」というように、仕事に対しての認識が変わりました。その瞬間、スタッフの目の色が変わったことを覚えています。

このように社会性を加えるだけで、仕事で関わる人が急に増えるので、そこに自分なりの意味ややりがいを見つけることができるのです。社会性を持ったアイディアは、目の前の仕事に積極的になれる理由になり、共通のゴールを実現しようと本気で向き合うことにつながります。つまりはコネクションしている状態になるわけです。

消極的なメンバーがいても気にしすぎない

コネクションを行うにあたり、メンバーと話し合いをする機会は一気に増えていきます。すると、次のような人も出てくるはずです。

「それってやる意味があるんですか？」

「面倒くさいです」

「指示には従うので、決まったら教えてください」

このように、新しいことに対して否定的な人、消極的な人というのは必ずいます。

しかし、そういう人の意志が本当に固いかと言ったら、そんなことはありません。

多くの人は、周りが動き出したらそれに合わせて動くのです。必死に抵抗して動かないようにする方が労力を使うので、周りに合わせていきます。

そして、実際に成果が出始めたら、抵抗することがバカバカしくなっていくのです。

何かを新しく始めようとする時、最初は何割かの人は共感してくれません。そういう方のケアをする時間は必要ですが、他の人以上に時間をかける必要はありません。

人の動き出しには個人差があるので、信じて待ちましょう。

第4章

安心と信頼を築く「コミュニケーション」

1 コミュニケーションとは何か？

コモンパーパスもリマインドし続けなければ風化する

5Cにおけるコミュニケーションとは、コモンパーパス（共通の目的）を達成するために、どのように行動すべきかをこまめに話し合うことです。日々の何気ない会話や日常的なお喋りも含まれますが、目的は単に仲良くなることや雰囲気を良くすることだけではありません。コミュニケーションが日々のメンバーとの何気ない会話だけで終わるのでは不十分です。

なぜなら、せっかく定めたコモンパーパスもリマインドし続けなければ風化し、いつしかオフィスの壁の額縁に入っている社訓同様に風景となってしまうからです。そうならないために、リーダーは日々コモンパーパスにまつわるコミュニケーションを取る必要があります。

ただし、身構える必要はありません。詳しくは後述しますが、ひと言ふた言こまめにコミュニケーションしていけば問題ありません。

適切なコミュニケーションが心理的安全性を作り出す

また、コミュニケーションの目的は第1章でお伝えした通り、メンバーに心理的安全性を感じてもらうことでもあります。心理的安全性はメンバーが感じていること、思っていることを自由に発言できるようにするためにも必要なものです。

2023年に中日ドラゴンズから移籍してきたキャッチャー登録の郡司選手は、勝負強いバッティングが魅力でチームに貢献している選手です。

しかし、2024年開幕前のファイターズのキャッチャーポジションは、優秀な選手が多い激戦区でした。郡司選手は守備位置がキャッチャーだけだと出場機会が得られないと考えたのでしょう。自らサードへの挑戦の意思を口にしたのです。

それを伝え聞いた新庄監督が「グン、聞いたよ、明日からサードやってみようか」と提案し、その後チャンスをしっかりとものにした郡司選手は、現在サードのスタメンレギュラーとして活躍しています。

もしファイターズにオープンなコミュニケーションが取れる雰囲気、心理的安全がなければレギュラーとしての「サード郡司」は誕生していなかったかもしれません。心理的安全性がない組織のメンバーが抱える不安を、もう一度見てみましょう。

①「意見を言うと馬鹿にされるのではないか」という恐れ
②「怒られる、注意されるのではないか」という恐れ
③「評価が下がるのではないか」という恐れ
④「他人に迷惑をかけるのではないか」という恐れ

どうでしょうか。「サードに挑戦したい」と口にしても、馬鹿にされない、怒られない、評価が下がらないと郡司選手が感じられたからこその挑戦宣言なのです。

令和型リーダーにとってもっとも大切なスキル

実際に、郡司選手は中日時代に2軍で急遽サードを守ったことがあったくらいで、アマチュア時代にサードの経験はありません。その意味でホットコーナーと呼ばれる

サードをものにできるのかと馬鹿にされる可能性もあったでしょう。

また、監督によっては「キャッチャーを諦めるのか！」と怒ったり、評価を下げたりする可能性もあったでしょう。

実際に、選手からは希望する守備位置や起用方法を言えないというチームの方が大半です。そもそも野球界には選手が監督やコーチへ希望を発言できない時代が長きにわたって続いていたと思います。しかし、第１章で触れたように令和はもはやそんな時代ではありません。昭和型の上司のような、一方的かつ強制的なコミュニケーションだけで選手のモチベーションや能力を引き出そうとするのは時代錯誤でしょう。

まとめると、５Ｃのコミュニケーションで大切な点は２つ。「コモンパーパスに関するコミュニケーションをこまめに何度もとること」そして「心理的安全を保つようにメンバーの声に耳を傾けること」です。

話しやすい雰囲気を作るための柔和な笑顔や、ポジティブで受容的な態度が作れる能力を、令和型のリーダーは基本的に得ておきたいところです。

フリー・フラット・ファンが令和時代のキーワードだということを忘れずにコミュニケーションを楽しみましょう。

新庄監督はなぜ選手に「頑張れ」と言わないのか？

宮西投手のヒーローインタビューにツッコんだ新庄監督

日本ハムファイターズの宮西尚生投手は、２０２４年にプロ野球史上初となる通算４００ホールドという偉業を達成した大ベテランのリリーバーです。三度にわたる手術を乗り越えたことからも分かるように、長年にわたっての人並み外れた努力が実って打ち立てた偉業と言えるでしょう。

この偉業達成から数日後のヒーローインタビューで、宮西投手はインタビュアーから次の目標を聞かれ「監督からは51歳まで頑張れと言われてるんで、51歳まで頑張ろうと思います」と発言しました。

その様子をテレビで見ていた新庄監督ラバーな私は違和感を覚えたのですが、さっそく新庄監督がインスタグラムにこんな投稿をしていて納得しました。

「僕は監督をさせてもらって選手に頑張れと言ったことは一度もない‼」

「楽しむことが一番レベルアップ＋時が経つのが早い　そうすれば51歳なんかあっと言う間ばい！」

やっぱり新庄監督が選手にプレッシャーをかけるような「頑張れ」は言わないはずでした。

「頑張るんじゃなくて楽しんで」が新庄監督流

宮西投手自身、当初はこの「楽しむ」という新庄監督のコモンパーパスに戸惑いを感じているようでした。彼の野球辞書の中に「楽しむ」はなかったようで、新庄監督の言葉は、それまでの常識を覆すものであり、宮西投手に新しい視点をもたらしたようです。

２０２４年シーズン序盤から二軍生活が長かった宮西投手に、新庄監督から「肘はどう？　甲子園（の試合から一軍へ）行くぞ」とＤＭが届き、その返信に宮西投手が「頑張ります」と送ると「頑張るんじゃなくて楽しんでやって」と届いたそうです。

彼は「（絶対に抑えなければならないリリーバーかつベテランと言う）立場的にも、

自分は気負いすぎる部分があると思います。一人で背負いこむな、ではないですけど、楽しんでの言葉で少し気持ちが楽になりました。大きかったと思います」と語っています。

日本語の中で「頑張れ」はとても日常的で、他人に送る挨拶程度の言葉として口癖になっている人も多く見かけます。

しかし本来「頑張る」の語源は、「我意を張り通す」というものです。そして語感からも「忍耐」「努力」など歯を食いしばるような肩に力が入っている状態が連想されます。すなわち、「頑張れ」という声かけは、自然体ではない状態を人に強要していることになるのです。

それは新庄監督が目指す姿、コモンパーパスとは大きく異なる状態です。新庄監督のコモンパーパスの中には「楽しむ」があり、その姿こそが「街に彩りを与える」につながると思っているのだと感じます。

5Cのコミュニケーションでは、この「頑張る」と「楽しむ」の違いを適宜指摘して、コモンパーパスである「楽しむ」を何度も何度もこまめに伝えていくことが重要です。

新庄監督を見習いたいコミュニケーションのポイント

さらに新庄監督がこの件で素晴らしかったのは、かわいい顔文字や故郷の福岡弁を使って柔らかい雰囲気の文面で伝えていたところです。

通常、リーダーがメンバーに対して指摘や修正をする場合、特にメールやチャットだとどうしても硬い文面になりがちです。しかしそれだと指摘を受けた側は余計なプレッシャーを感じ、本来の意図が伝わらない可能性があります。

①コモンパーパスの発信はこまめに、タイムリーにすること
②必要以上の緊張を与えない柔らかい雰囲気を出すこと

この２つは、ぜひとも新庄監督を見習いたい５Ｃコミュニケーションのポイントですね。

「何度も」「徹底して」伝えることが大切

そしてさらに言うと、新庄監督は「楽しむ」を、新聞記者を通して選手やファンにも徹底的に浸透させようとしています。インタビューの最後に選手が癖で「頑張ります」と発言をしたら、その部分を「楽しみます」に修正して記事を書いてほしいと記者にお願いしたほどです。

ここまで徹底したコミュニケーションをすることで、「楽しむ」というコモンパーパスは本当に浸透し始めました。

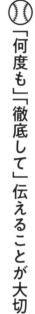

管理職の中には1〜2回指針を伝えただけで伝わったものだと思い、思った通りの行動や結果が見られないとメンバーへの愚痴をこぼす人もいます。しかし、大切なことは「何度も」「徹底して」「コミュニケーション」を取ることが必要です。新庄監督の粘り強さこそコミュニケーションの肝だと思います。

また「楽しむ」は、皆さんがメンバーとコミュニケーションを取る時にも使えます。リーダーが頑張って、努力して肩に力が入った状態では、コミュニケーションを取ろうとしても義務感が出て、良い空気は作れません。部下も肩に力が入って本音を喋れないからです。

楽しめる環境を作りたいなら、自分から楽しむ！

新庄監督はそのように伝えてくれているのではないでしょうか。

「何度も」伝えるだけで信頼性が増すザイオンス効果

新庄監督のように「何度も」コミュニケーションを取ることがなぜ効果的かという根拠の補足をしましょう。

ザイオンス効果というものがあります。別名、単純接触効果と呼ばれています。

これは心理学者ロバート・ザイオンス氏が提唱したもので、人は頻繁に接触する対象に対して好意を抱きやすくなるという現象を指します。対人関係だけでなく、商品やブランドに対する消費者の態度にも影響を与えます。

具体的には、同僚と毎日顔を合わせることで、その同僚に対する信頼や好感が自然と高まるといったことが挙げられます。また、企業が広告を繰り返し流すことで、消費者がそのブランドに親しみを感じるようになるのも、ザイオンス効果の一例です。

つまり、人々の信頼関係や親和性は、接触回数が増えれば増えるほど向上するのです。非常に単純ですが、とても重要な事実です。月1回の1時間の面談よりも、毎日1分の立ち話の方がコミュニケーションとしては有効だということです。その意味でSNSを使い、単発、高頻度でコミュニケーションを図っている新庄監督のやり方は非常に有効と言えます。しかも、そこに併せてコモンパーパスに関する内容を含めたコミュニケーションを取っていることが、やはり新庄監督のうまさだと思います。

対面する時間がなければメールやチャットを活用しよう

もっとも、接触頻度が大切とは言っても、プロ野球の監督も企業のリーダーも非常に多忙ですから、メンバーとコミュニケーションを取る時間を作るのはなかなか難しいでしょう。そのことに悩むリーダーも少なくないと思います。

そんな場合は、メールやチャットを活用するのがおすすめです。何も対面にこだわる必要はないのです。

我々はなんとなく過去の慣習の中で「大事な話こそ対面でコミュニケーションを取ることが何よりも大事」と信じがちです。もちろんそれができるのであれば、それが良いとは思います。しかし対面で話すことを重視するあまり、機会を作れずコミュニケーションの頻度が低下したり、タイミングを逸しているのなら本末転倒です。

新庄監督は選手たちとSNSのDMを通じて頻繁にコミュニケーションを取っています。例えば二軍にいる選手に対して、一軍昇格を控えているような時に「3日後に出るかもしれないから、準備しておいて！」という感じで、選手一人ひとりに対して最適なタイミングで的確なメッセージを直接送っているようです。

新庄監督のこのアプローチは、選手たちにとって非常に励みになり、監督との距離を縮める効果があります。選手の立場からすれば、二軍にいても自分が監督に見守られていると感じ、モチベーションを高めることができます。

企業では昨今、各種ハラスメントやホワイト化を考慮した結果、リーダーとメンバーがプライベート利用の連絡先を交換することに消極的姿勢を取っていることも少なくありません。しかし、これは非常に過保護な愚策です。使い手次第で毒にも薬にもなるものを一律に禁止することは、怪我をするリスクがあるからジョギングを禁止するくらいに馬鹿げた行為と言えます。

多大なメリットに背を向け、ごく一部のリスクを恐れる。一番の問題はそこに疑いを持たずに従うだけのリーダーが存在していることですが……。

3 新庄監督はどうやってレイエス選手を復活させたのか？

大型助っ人外国人選手をわずか26試合で二軍落ちに

ファイターズは２０２４年、チームの打力を強化するため、大型の助っ人外国人選手を獲得しました。それが、直前までメジャーリーグで活躍をしていたフランミル・レイエス選手です。

破壊力抜群のパワフルな長打力に定評があり、メジャーリーグでホームランを30本以上打っている実力者です。とにかくパワーがある選手で、ホームランを量産できる選手と期待されていました。レイエス選手の入団に関しては、ファイターズのフロントも力を入れていたために、周りから寄せられる期待も人一倍でした。

しかし、レイエス選手は２０２４年シーズンの開幕戦でホームランを１本打ったものの、その後は不調が続き一向に結果が出ませんでした。

日本のプロ野球では「新しく日本に来た外国人選手には100打席は無条件で与えろ」と言われています。日本の野球に慣れさせるために、結果が出なくても100打席は与えるのが、日本のプロ野球の慣習です。

しかし、新庄監督は5月13日、レイエス選手を出場選手登録から抹消し、二軍に落としました。わずか26試合の出場でした。

現役バリバリのメジャーリーガーでプライドも高い選手を、100打席与える前に二軍に落とすのは異例中の異例です。実際に、二軍に落とされたことでレイエス選手は怒り狂い「もう帰国する！」と言っていたとされています。とにかく自分のプライドが傷つけられた思いだったようです。

新庄監督はそのことを知っていましたが、その決断は変わることはありませんでした。

レイエス選手の心を溶かしたラテン系コミュニケーション

ただし、そこは新庄監督ですから、何もしなかったわけではありません。二軍に落ちたレイエス選手に対して、こまめに連絡を取り、「ここだけ修正すれば必ず打てるようになるから、待っている」と励まし続けました。

その結果、レイエス選手は約1カ月後の6月15日に再び出場登録され、その後は球団最長記録となる25試合連続安打を達成するなど大活躍したのはご存じの通りです。

では、プライドを傷つけられて怒っていたレイエス選手に対して、新庄監督はどうやってコミュニケーションを取り、距離を近づけたのでしょうか。その秘訣は……下ネタでした。

レイエス選手はドミニカ共和国出身なのですが、ラテン系の文化では特に下ネタで笑い合うことが距離感を縮めるために有効であることを、新庄監督自身がメジャーリーグ時代にラテン系の選手と下ネタを交えた交流で親しくなった経験から知っていたのです。下ネタは万国共通と言われますが、仲良くなる手段としては非常に効果的だったのでしょう。

もちろん、だからといって日本の企業内では、下ネタだけは絶対におすすめできませんが……（笑）。

ここで大切なのは下ネタではなく、コミュニケーションの個別化をしている点です。十把一絡げにコミュニケーションを取るのではなく、その選手の個性や好みを見て、それに合わせたコミュニケーションを取ることが何よりも大切なのです。

管理職向け研修をしていると受講者から「メンバーが〇〇になった時は、どのように声をかけるのが正解なのでしょうか」と問われることが時々ありますが、正解などは当然ありません。あるとすれば、そのメンバーがどのように声をかけられたいかを知ることに尽きる、と答えています。

池田投手の絶望を救った新庄監督のＤＭ

新庄監督のこまめなＤＭ等によるコミュニケーションは、レイエス選手に対してだけではありません。それは、ファイターズのリリーフピッチャーである池田隆英投手にも行われました。

池田投手は、速球と鋭いスライダーを武器に、２０２３年はキャリアハイの51試合登板、８回の男として大活躍した投手です。当然、２０２４年も安定感抜群のリリーフ陣の柱と期待されていたのですが、非情にも春先に右肘を怪我してしまい戦線離脱を余儀なくされました。

責任感が強い性格です。チームに合流すらできない状況は、さぞかし辛かったことでしょう。

しかし、新庄監督はやはり一軍にいない選手ともしっかりとコミュニケーションを図ります。池田投手が痛めてしまった肘に良いとされるストレッチの動画をＤＭで送るなどコミュニケーションを取っているのです。

この頃を振り返って池田投手は「（新庄監督は）しんどいなと思っている時に連絡をくれる。なんとか戻って良い結果を出したいと思っていた」と語っています。

文字メッセージだけではなく肘のストレッチ動画つきというのが、なんとも憎らしいほどに素敵なコミュニケーションです。二軍でひっそりと孤独なリハビリをしている時に、「自分のことを心配してくれているんだ」と感じさせるようなものを送ってこられたら、意気に感じない人間なんていませんよね。

そして怪我から回復した池田投手は、晴れて一軍復帰登板で見事１イニングを３人で封じます。

３人目の打者を空振り三振に切って取った後、彼はいつものように大きく雄叫びを上げ、堂々と力強い表情と姿で胸を張りベンチに戻りました。その時、ベンチ前で彼を迎えた新庄監督が目頭を熱くした様子で一声かけると、その瞬間、池田投手も口元から泣き顔になり、それを悟られないようにグラブで顔を隠しました。

選手と監督、そしてそれを見守るファンも目を潤ませた復活劇の陰には、新庄監督のこまめなＤＭコミュニケーションから生まれた２人の絆があったのです。

4 なぜ「楽しむ」ことを大切にした新庄ファイターズが強くなったのか？

他球団もうらやむ新庄ファイターズの楽しい現場感

言うまでもなく新庄ファイターズは、楽しむという雰囲気が全面的に出ています。

他球団のコーチ陣もうらやむほどだと森本コーチは言います。確かに、他球団のファンからも「ファイターズってみんな楽しそうにやっていていいよね」と言われることも多く、ファイターズファンはそこに誇りを持っていたりもします。

これも平たく言うと、コミュニケーションの産物です。

では、あえて問いましょう。

「楽しい雰囲気が勝利に影響するのか？」

企業に置き換えると「成果に影響するのか？」「楽しいと気合いや根性が減り、成果は出ないのではないか？」。

皆さんはどうお考えでしょうか？

実は、楽しい雰囲気を作ることは、ビジネスにおいてプラスの成果に直結するという研究結果があります。

このことを科学的に証明したのがToMo（Total Motivation）指数です。これは、マッキンゼー・アンド・カンパニーなどの大手コンサルティング会社で組織開発の分野に20年以上携わってきたニール・ドシ、リンゼイ・マクレガー氏らによって提唱されている指標です。

彼らは著書『マッキンゼー流最高の社風の作り方』の中で、スターバックスやサウスウェスト航空、ホールフーズなど業績好調が続く企業の事例を挙げ、ToMo指数が高い企業は業績も高いということを証明しています。

楽しむことが業績につながることを示したToMo指数

ではToMo指数の算出方法はと言うと、働く動機を次の6つに分類します。

①楽しさ（仕事そのものが楽しい）
②目的（仕事から得られる直接的成果）
③可能性（仕事によって将来の夢につながる能力が磨かれる）
④感情的圧力（人から失望されないため、人の期待に応えるため）
⑤経済圧力（生活のため、解雇させられないため）
⑥惰性（特に辞める理由もない）

①〜③は直接的動機、④〜⑥は間接的動機と言い、直接的動機は業績を上げるが、間接的動機は業績を下げる、となっています。

ToMo指数は、これら6つの項目に対し「まったく違う」〜「まったくその通り」の7段階で回答し、その数値に係数をかけて算出するのですが、この係数が本当に大切なのです。

次の表を見てください。直接的動機（①楽しさ、②目的、③可能性）にはプラスの数字をかけ、間接的動機（④感情的圧力、⑤経済圧力、⑥惰性）にはマイナスの数字をかけるのです。数字の大きさはそれぞれ異なり、①楽しさは×10でもっとも大きく、

■ToMo指数の算出方法

		1から7で記入			
①楽しさ	仕事そのものが楽しいから	□	×10	=	□
					+
②目的	仕事から得られる直接的成果	□	×5	=	□
					+
③可能性	仕事によって将来の夢につながる能力が磨かれる	□	×1.67	=	□
					−
④感情的圧力	人から失望されないため、人の期待に応えるため	□	×1.67	=	□
					−
⑤経済的圧力	生活のため、解雇させられないため	□	×5	=	□
					−
⑥惰性	特に辞める理由もない	□	×10	=	□
					=
直接的動機（①〜③）の合計から間接的動機（④〜⑥）の合計を引く					□

逆にもっともマイナスが大きくなるのが⑥惰性です。

つまり直接的動機、中でも「①楽しさ」の点数が高ければ、ToMo指数はとても高くなります。そしてこのToMo指数の高さが、業績の高さと相関関係にあるということなのです。

メンバーが仕事を楽しむことでこれだけのメリットがあるのなら、楽しませない手はないでしょう。「楽しむ」ことがどれだけパワフルなのか、ご理解いただけたと思います。

アメリカで生まれたToMo指

数ですが、実は同じことを紀元前に孔子が述べています。

「子曰、知之者不如好之者、好之者不如楽之者」

すなわち「知っているということは好きには敵わない。しかし、好きということも楽しむことには敵わない」。つまり、物事を上達させるには楽しむことが一番だということです。

古今東西で同じことが言われているということは、やはり真理なのでしょうね。

ぜひ皆さんもご自身のToMo指数を、そして一緒に働くメンバーのToMo指数を測ってみてください。

ビジネスの現場でコミュニケーションを活用するには？

企業で導入すべきは１ｏｎ１

コミュニケーションを企業やビジネスの現場で活用する方法はさまざまにありますが、代表的なものとして提案しているのが、リーダーとメンバーの１ｏｎ１（ワン・オン・ワン）です。

１ｏｎ１とは、上司と部下が定期的に一対一で行うミーティングのことです。メンバーの業務状況やキャリア目標、個人的な悩みや意見などを聞く場として活用されています。近年、これを実施導入する企業が増えているので、経験している方も多いでしょう。

アメリカの調査会社が行ったエンゲージメントの調査では、１ｏｎ１でもっとも効果が出るとされるのは時間が15分の時でした。具体的には10分から15分が適切とされています。

頻度は月1回では不十分

1on1で重要なのは、頻度です。1カ月に1回では回数不足でエンゲージメントが下がるというデータがあり、1週間に1回だとエンゲージメントが上がることが分かっています。エンゲージメントにもっとも相関があるのは内容でも時間でもなく、頻度なのです。

これは先ほどお話ししたザイオンス効果（単純接触効果）でも説明できますが、1on1の頻度がメンバーのエンゲージメントに影響することは、マーカス・バッキンガム氏の研究結果としても出ています。

マーカス・バッキンガム氏は、エンゲージメントとリーダーシップの専門家です。彼の研究によれば、部下が本当に必要としているのはタイムリーなフィードバックであり、過去の振り返りではないとのことです。彼の著書『まず、ルールを破れ』でも、頻繁なフィードバックと対話が従業員のパフォーマンスを向上させることが強調されています。

１on１の頻度を毎月１回程度で導入している会社は多くありますが、それでは不十分なのです。

１カ月に１回の１on１では、ザイオンス効果における単純接触回数がそれほど増えません。さらに、会話の内容に関しては、案件の進捗状況や先月の業務について話すことが多いでしょう。つまり、月に一度の１on１における会話は事後報告になる場合が多いのです。

過去の話も重要ですが、実はもっとも重要なのは今週の案件にどう対応するかです。部下はタイムリーなフィードバックとサポートを求めているということを意識してください。

１on１で確認すべき２つのこと

１on１の会話内容は自由ですが、ビジネスを進める上で次の２つだけは最低限、確認するようにしましょう。

「今週の優先業務は何か？」

「それについて自分が手助けできることはあるか？」

この質問をする理由は、部下の現状を把握し、優先順位を確認することで、業務の進行状況を明確にするためです。

さらに、重要度が高いものは、的確な判断が必要になる案件でもあるため、メンバーが直面している課題や障害を早期に発見し、それに対して適切なサポートを提供することで、問題が大きくなる前に対処できるからです。

人によってはなかなか困っていることほど相談をしづらいものです。リーダーである自分が救いの手を差し伸べられる存在であることを、しっかりと伝えましょう。

1on1では仕事以外の話もしよう

ただし、せっかく部下との自由な時間を作れるのであれば、業務以外の話をすることも大事です。仕事の話だけだと、会話が続かないことがあるからです。

例えば、次のような会話が繰り返されるとします。

あなた「今週の優先業務は何?」
部下「特にありません」
あなた「何か僕が手助けできることはある?」

部下　「特にありません」
あなた「本当に何もない？」
部下　「はい、大丈夫です」
あなた「…………………」
部下　「…………………」

このように、その後10分間の沈黙が続いたら辛いですよね。

リーダーであるあなたに意識してほしいのは、仕事の進捗を知ることだけでなく、部下の人柄や個性を把握することも、業務管理以上に大事だということです。そんな時に会話が盛り上がるのが「過去に楽しかった話」です。例えば、次のような質問をしてみてください。


「小学校の頃にどんなことをして遊んでいたか？」

「中学ではどんな部活に入っていたか？」

「過去に夢中になっていたことは何か？」

「過去に一番思い出に残っていることは何か？」

「家族と一緒に過ごした特別な時間は？」

「大学や職場で楽しかったイベントは？」

特に幼少期の遊びは、その人らしさや価値観がよく出る部分です。必ずしも成績や結果を残したものではなくても構いません。例えば、「サッカーは下手だったけど、すごく好きだった」というように、夢中になったものであれば良いのです。相手を知るためには、過去に夢中になったことを聞くのが鉄則なのです。

リーダーは弱みを伝えることで愛される

また、コミュニケーションを取る際には、リーダーこそ弱みを見せることが重要です。それを近年では、オーセンティック・リーダーシップ（Authentic Leadership）と言います。

オーセンティック・リーダーシップとは、自分の本質を偽らずに表現するリーダーシップ・スタイルのことを指します。リーダーが自分の弱みや欠点を隠さずにさらけ出すことで、メンバーとの信頼関係を築きやすくなり、より誠実でオープンなコミュニケーションが生まれるのです。

一般的にリーダーには、誰よりも優秀で強いものという印象を持つ方が多いでしょう。しかし、そういう人に対して多くの人は身構えてしまい、本音を言えなくなることがあります。

オーセンティック・リーダーシップでは、リーダーが自分の弱みをメンバーにさらけ出すことで、メンバーからの親近感や「この人はなんて誠実なんだろう」という気持ちを高めます。

人間が知らない人に初めて会った時に、その人の何をもって評価するかという研究があります。それによると、まずは「温かみがあるかどうか」、その次に「能力があるかどうか」を見るそうです。人は「仕事ができるかどうか」よりも「温かいかどうか」を重視するわけです。

そうした観点からも、弱みを見せれば「温かい人」と思われやすく、心理的安全性が高まることが分かります。リーダーが自分の弱みをさらけ出すことで、メンバーも自分の無知や不安を恐れなくなり、心理的安全性が向上するのです。リーダーは能力の強みや弱みを隠さず、自分の低い能力を認めることで信頼を勝ち得るのです。

そして、弱みを隠さないという点では、新庄監督こそ、まさにオーセンティック・リーダーの象徴だと思います。強いカリスマ性を持ちながらも、苦手や興味のないことは潔く認める。そのようなチャーミングな姿が、チームメンバーが心を許すきっかけになっているのではないでしょうか。

「人は強みによって尊敬され、弱みによって愛される」

これはリーダーである皆さんの心に刻み込んでほしい言葉です。

決して強いことだけが良いわけではありません。むしろ、自分から弱みを開示し、コミュニケーションしていきましょう。

第5章

強みを引き出して伸ばす「コラボレーション」

1 コラボレーションとは何か？

強みは3つに分けられる

本章では5Cのうちのコラボレーション(Collaboration)について解説していきます。コラボレーションをひと言で表現するとしたら「強みを活かすこと」です。そのためにもリーダーはメンバーの強みを発見し、チームで協力をして互いの強みを最大限に発揮することが重要です。

ここで「強み」という表現を使っていますが、そもそも、この本における「強み」とは何を指すのかを説明しましょう。本書では、強みの構造を次の三層に分けて説明します。

①遺伝的な強み

■強みの構造

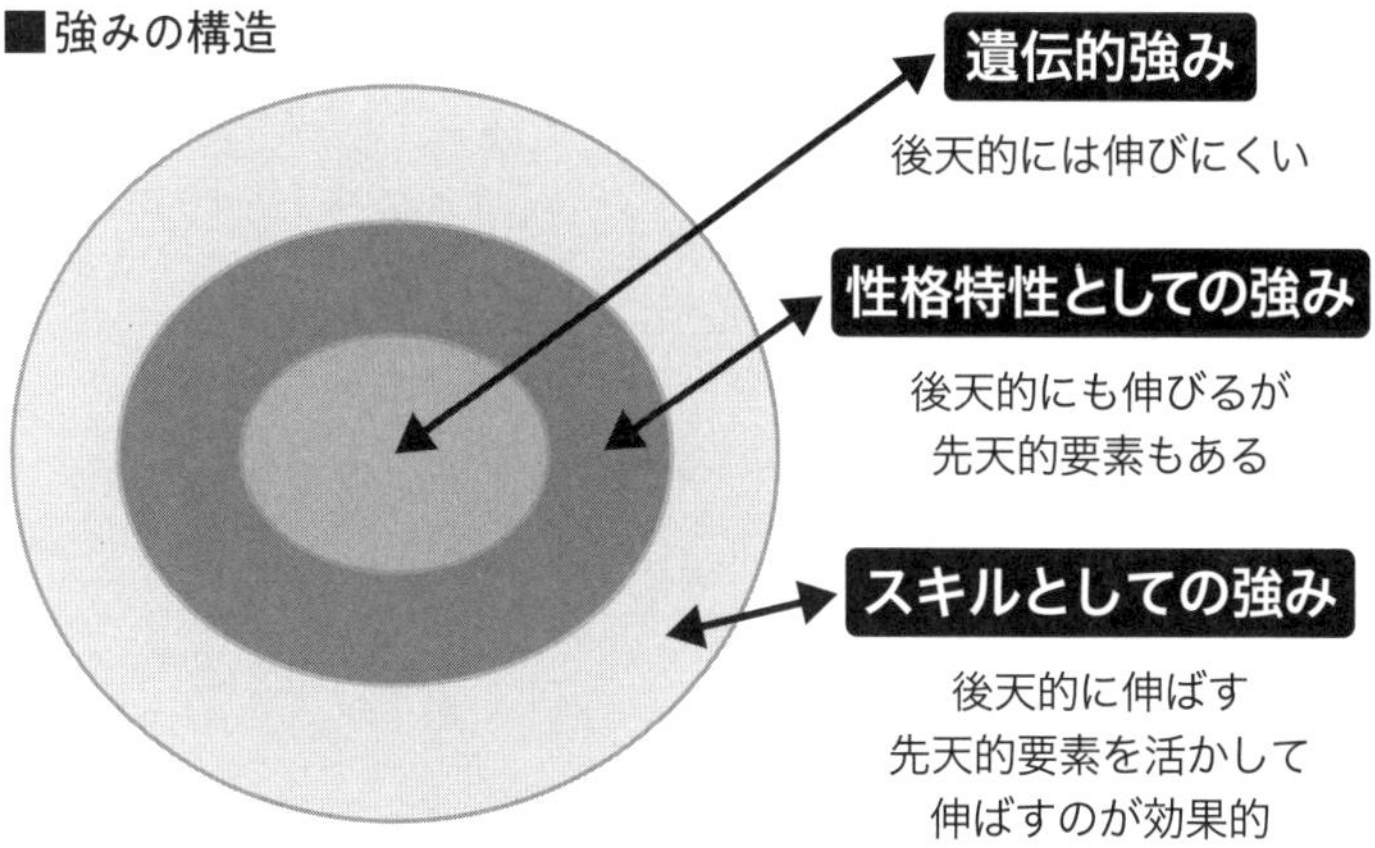
遺伝的強み
後天的には伸びにくい
性格特性としての強み
後天的にも伸びるが
先天的要素もある
スキルとしての強み
後天的に伸ばす
先天的要素を活かして
伸ばすのが効果的

中央にある、もっともコアな部分です。これは、身体的な特徴など、努力では変えられない部分に該当します。

例えば、ファイターズの五十幡亮太選手は、俊足堅守、走塁のスペシャリストとしてチームに貢献していますが、彼の俊足ぶりは中学生の時に100メートル走で10・92秒を叩き出し、あのサニブラウン選手にも勝っているほどです。

走力は、ある程度はトレーニングにより向上しますが、誰もがトレーニングをしたら10秒台で走れるかと言えば、体感的にそうではないことが分かると思います。おそらく五十幡選手は小学生になる前から俊足ぶりが光っていたのでしょう。これがまさに生まれ持った強みです。

要するに、生まれ持った遺伝的な差異が強みとして表現されるということです。特にスポーツのように肉体を使う分野では、遺伝の差が大きく影響するのは避けられません。

②性格特性としての強み

次に、中央から一枚外側の層に「性格特性としての強み」があります。

これは、先天的な要素が一部ありつつも、後天的に発達しやすい部分です。お子さんを育てた経験がある方なら理解しやすいと思いますが、同じ子でも幼少期の頃と大人になってからでは、性格特性が違ってくるものです。生きていく中で得たくさんの経験や知識を通して、好きや嫌いが変化していきます。好きや嫌いが変わるので自ずと考え方や行動にも違いが出てくるのです。

例えば「主導的、結果にこだわる、行動が早い」人がいれば、「受容的、人の気持ちを大切にする、思慮深い」人もいます。はたまた「楽観的、面白いことが好き、アイディアを出せる夢想家」な人もいれば、「慎重派、緻密で正確さにこだわり、論理派」

な人もいます。

このように考え方や行動に違いが出てくる、そのことこそが強みなのです。

③スキルとしての強み

最後に、一番外側の層に「スキルとしての強み」があります。

スキルなので当然、後天的にトレーニングで伸ばすことができます。例えば日本人にとっての英会話学習やプログラミングなど、一般的に「スキル」と呼ばれるものがここに該当します。

職場において強みを活かすことを考えると、最後に紹介した一番外側の層の強み、スキルとしての強みを想像されるかもしれません。もちろんスキルとしての強みを使うに越したことはないのですが、ここには少しだけ注意点があります。

それは「確かに強みで得意だけど、好きとは限らない」という点です。

後天的に学習して得た英語力が重宝されて、社内で英語が絡む仕事がAさんのところへ集中したとします。しかしAさんは英語が好きというわけではなく、商品企画の仕事をやりたいと思っていたとします。となるとAさんは商品企画の仕事ができる会社へ転職を考える可能性が高くなりますよね。

スキルだけを見て適正を判断するのではなく、好きかどうかをしっかりとコミュニケーションによって知ることに努めましょう。

各人の強みを組み合わせてチームの総合力を高めるのがコラボレーション

5Cにおけるコラボレーションは、先ほど紹介した3層の強みにおいて、どこかに限定しているわけではありません。職場、職種によって生産性に影響力が高い強みを活かすことに注力してもらえれば良いでしょう。

では強みのコラボレーションとはどういうことなのか。

ここでイメージしやすいのが「レーダーチャート」です。

レーダーチャートは、複数の能力やスキルを視覚的に表現するグラフであり、各軸に沿ってその人の強みや弱みが示されます。すべての軸がバランス良く伸びて「大きな丸い形」になることが理想的だとして目指されがちです。しかし、現実には各人がすべての軸で高い能力を持つことは非常に稀であり、凸凹した形になるのが一般的です。

そのため、すべての能力をバランス良く持っている人材を目指して育成するのではなく、各メンバーが持つ突出した能力を活かす方が得策だと言えます。

例えば、5人のメンバーがそれぞれ異なる軸で突出した強みを持っている場合、チーム全体のレーダーチャートとして合体させたら、各メンバーの得意分野が補完し合い、よりバランスの取れた「丸い」形に近づきます。

これにより、チームとしては、平均的な能力を持つ5人よりも広範な力を発揮でき、結果として、チームの総合力も高まります。

これこそが5Cで目指すコラボレーションです。特技を活かしたチーム作りを進め、個々に弱点があったとしても、チームとしては問題がない状態を目指すわけです。

新庄監督もコラボレーションを重視していた

新庄監督は就任2年目までは、特に一芸に秀でた選手を育成するために試合で起用することに主眼を置いたように思います。それは経験不足、戦力不足が否めない中で戦っていくには、中長期的な選手全員の底上げに加え、一芸に秀でた強みを最大限伸ばすことが戦力につながるという考えが根底にあったからではないでしょうか。

　コントロールに難がありながらも剛球ストレートを持つ藤浪晋太郎投手にラブコールを送り続けていることからも、一芸に秀でた選手をチームの戦力にするという考えが見受けられます。

　チームスポーツである野球で選手の遺伝的な強み（豪速球を投げられる、俊足など）やスキルとしての強み（送りバントや盗塁や走塁がうまいなど）を活かすのは至って当たり前のことなので、本書では先天的要素がありつつも後天的に伸ばせる「性格特性としての強み」、すなわち選手の性格特性を見抜いて活かすという新庄監督マネジメントを紹介したいと思います。

2 北山投手・田中投手をどのように成長させたのか？

ドラフト8位の下位指名ルーキーだった北山投手

ファイターズの北山亘基投手は、２０２１年にドラフト8位というギリギリの滑り込み指名で入団しました。

ファイターズが8位指名した時点では、すでに6球団がドラフト指名を終了していました。つまり半数の球団が「北山投手には興味がない」「獲得するに値しない」と言っているも同然な状況からのプロ野球人生のスタートでした。

ギリギリの立場で入団した彼は、下位指名ルーキーということで春のキャンプは当然二軍からのスタートを切ります。

しかし、男の人生なんて一寸先に何があるか分からない。二軍キャンプの視察に来ていた新庄監督が見守るブルペンでのピッチング練習で、わずか3球を投げただけで、

「明日から（一軍へ）行こう」と新庄監督から声をかけられます。

北山投手は何がなんだか、どこへ行くと言っているのか分からないというような顔をしたそうです。それはそうでしょう。ドラフト8位入団、12球団全ドラフト選手77人中76番目の男です。いきなりの一軍なんて考えてもいなかったでしょう。

しかし、新庄監督は北山投手の強みである、低めからホップするようなストレートを見て、その野球センスを見抜き、一軍に抜擢しました。ここで見た強みとは、遺伝的強み（しなやかな身体がホップを生む）でもあり、その上にトレーニングを積んだことによって生まれたスキルとしての強み（１５０キロ以上のスピードボールを投げられる）でもありました。

研究熱心という強みがもたらした「三度目の正直」

こうして北山投手は、1年目の２０２２年シーズンで、主に勝ち展開で迎えた最終回を任されるクローザーとして起用されました。

しかしプロは甘くはありません。神宮球場へ乗り込んだスワローズとの試合、何と2戦連続サヨナラホームランを打たれてしまい、2試合連続負け投手になります。

先輩たちが作った勝利への道、その最後の最後でホームランを打たれてチームが負ける。しかも2試合連続で。これほど酷な結果は、１９３６年から始まった日本プロ野球の歴史を紐解いても、そうあるものではありません。

ただし、ここで強調したいのは、2戦連続サヨナラホームランを被弾した後の彼の姿です。通常なら何も考えられなくなり自分の殻に閉じこもるか、昭和型の選手であれば逆に夜の街に出て浴びるように酒を飲み憂さを晴らすかもしれません。

しかし北山投手はそのどちらでもありませんでした。2試合とも試合後は宿舎に戻り、何が足りなかったのか分析していたと言うのです。

後に彼はこう言っています。

「小さい頃から物事の本質を見極めたいと言うか、そういう気持ちはありました。表面的な部分だけを見ないような考えがあったんです。例えば、野球に関しても『その日が良かったからＯＫ』じゃなくて、『何で良かったか？』と考えてみたり。何事にも原因があって、結果があるものですから。それをしっかりと把握しないと気持ちが悪いんです」

これぞ、今回着目したい「性格特性としての強み」です。

その強みがもたらした成果は、皆さんご存じでしょう。

3戦目、ファイターズ4点リードの延長10回裏。新庄監督から「超えていけ」と激励され、北山投手は震える思いでマウンドに向かいます。そして、まさに魂の23球全球ストレート勝負で1失点はしたものの、なんとか試合を抑えたのです。

三度目の正直を地で行く登板を終え、仲間から祝福を受け、男泣きに暮れる北山投手の姿は感動的でした。

強みを見抜いたからこそのクローザーから先発への転向

では改めて、北山投手の性格特性としての強みは何でしょうか。

それは「探究心が非常に強い」こと。「知的好奇心」が高いとも言えます。とにかく勉強熱心で、ニックネームが「教授」であるほどです。

新庄監督はこの強みを見抜いて、彼を成長させます。

2年目シーズンには、彼は先発転向を言い渡されます。1年目は主にリリーフで3勝、9セーブ、16ホールドですからルーキーとしては上出来です。それなのに、なぜクローザーでの正常進化ではなく、先発ピッチャー転向なのでしょうか。

チームの戦力事情もありますが、概ね先発転向は次なるステップへの昇格だと捉えて良いでしょう。

先発ピッチャーは長いイニングを投げるために、打者との駆け引きや、変化球を使っての投球の出し入れ、適切な体力のペース配分が必要で、しかも年間を通して同じ打者と何度も対戦するので傾向と対策を練る必要もあり、また守備への参加が増えるなど、やらないといけないことが山積みです。探究心、知的好奇心を持って自分や相手、変化球やピッチングフォームまで、とにかく考え尽くし、引き出しを増やしていくのはとても地道な作業と言えます。

そうした努力が必要とされる先発ピッチャーこそが、考える探究心を持ち、勉強熱心な北山投手の強みが活きるポジションだと、新庄監督は考えたのでしょう。

先発に転向してから、北山投手はストレートの出力を抑え、チェンジアップや緩い球を効果的に使うようになりました。ここぞという場面で成果を出すために、試合全体を見渡し、無駄のない投球で試合を組み立てるようになったのです。

プロ入り直後のキャンプで、ホップするストレートという身体的な「遺伝的強み」と、「スキルとしての強み」で一軍に抜擢された男は、その後探究心と知的好奇心という「性格特性としての強み」により先発ピッチャーとして活躍しました。

各種の強みをしっかりと活かして活躍させている新庄監督と、その期待にしっかりと応える北山投手の奮闘に、うなる思いです。

真面目さゆえにプレッシャーに弱かった田中投手

もちろん新庄監督のコラボレーションの巧みさは、北山投手だけに発揮されたわけではありません。

田中正義投手はアマチュア時代にナンバーワン右腕と評され、5球団からドラフト1位指名を受けた大型新人でした。しかし、プロ入り後は怪我も多く、6年間ホークスで1勝もできぬまま、ホークスのプロテクト枠を外れファイターズへ移籍してきました。

ファイターズに移籍する頃には、まさに崖っぷちの状況。「ここでダメなら……」と、プロ野球選手としてのキャリアを危ぶむ声もありました。

彼の「遺伝的強み」と「スキルとしての強み」は何と言っても威力のある速球です。北山投手のそれとはまた一味違う、長い手足を大きく使ったダイナミックなフォームから繰り出される重くズドンとくるストレートが、田中正義投手の圧倒的な強みであり武器です。

2022年シーズンオフ、FA移籍した選手の人的補償選手をホークスのプロテクトを外れた選手リストから選ぶ際に、新庄監督がその素材に惚れ込んで田中正義投手を指名したというのも納得の圧倒的な強みです。

ただ、その一方で彼はメンタルがとても繊細で、小さなミスをしたり、プレッシャーがかかったりすると必要以上に緊張してしまい、本来持っている強みを出せない場面がありました。

「性格特性としての強み」は「真面目さ」でしょうか。ゆえに度重なる怪我にも心折れることなく、コツコツと自分の身体と向き合い続けることができたのでしょう。プロとはいえ、誰でもができることではありません、なにせ潜伏期間6年ですから……。

そして、チームに対しての責任感も人一倍です。裏を返せば「チームに迷惑をかける」ことをことさら気にする面もあります。

新庄監督の驚きのひと言が最強のクローザーを生み出した

そんな強みを持つ田中正義投手に新庄監督はどのように接したのでしょうか。

2023年の6月、タイガースとの試合の話です。ファイターズがリードしている最終回、田中正義投手は試合を締めくくるクローザーとしてマウンドに上がりました。

しかし、2アウトを取るも1、2塁にランナーを背負ってピンチを招きます。相手チームのタイガースファンも大盛り上がりで、さらにプレッシャーがかかります。

そんな場面で動揺を隠せず浮き足だったような田中投手を見た瞬間、一塁側ファイターズベンチから新庄監督はマウンドへ向かいました。そして、マスク越しにも分かる優しい表情、柔和な笑みを浮かべて驚きのメッセージを伝えたのです。

「全球ストレート投げて、ホームラン打たれてきて」

そもそも監督がマウンドへ行くこと自体が非常に珍しいことです。2023年、2024年も含めて、この時だけなのではないでしょうか。

しかもコーチや監督がマウンドに行く時、通常であれば、切迫した険しい表情で厳しい声をかけ、気合いを入れに行くのが野球の常でしょう。それなのに、この場面での新庄監督のセリフは、笑顔で「全球ストレートでホームラン打たれてきて」です。チームの敗北につながるかもしれないようなセリフを、笑顔で楽しそうに言ってしまう……これは新庄監督らしさでもありますが、田中正義投手の強みを深く理解しているからこその言葉でもあると思います。

もし新庄監督がマウンドへ行って「もっと力を出せ」や「しっかりしろ」という指示を出したとすると、彼はその真面目さゆえに「今の自分では足りていないのか」「もっとしっかりしなければ」と考え、さらに緊張してしまったでしょう。

柔和な笑顔での「ホームランを打たれてこい」という言葉には、彼の緊張を一気に解きほぐし、余計なプレッシャーから解放する効果がありました。

しかも彼の「遺伝的強み」「スキルとしての強み」であるストレートを投げてという指示まで入っています。

つまり新庄監督のこのひと言は「田中くんの強みをもってしたら大丈夫だよ、もしホームラン打たれてもなんてことないから」というメッセージだったのです。相手の弱みや欠点を叱咤するのではなく、性格特性に由来する強みに焦点を当てた、さすがのひと言です。

3 なぜ新庄監督は「セコセコ野球」を目指したのか？

「戦略は組織に従う」の新庄ファイターズ

今度は、個人ではなくチームとしての、強みと戦略について触れてみましょう。

２０２４年シーズンの前に新庄監督は今年のファイターズが目指す野球の姿を「セコセコ野球」とユーモアある言葉で表現しました。大味な打ち負かす野球ではなく、相手の隙をつき小技と頭脳を駆使し１点をしぶとく取り、泥臭く守り抜く野球、そんなところでしょうか。この目指すべき姿は、開幕前時点でのファイターズの戦力を冷静に見てのものでしょう。

経営学では、次の２つの相反する考えがあります。

①組織は戦略に従う……成果を出すための戦い方や戦うフィールドといった戦略を先に決めてから、それを実現するための組織を後から作る、「組織編成や配置、人材の育成は戦略ありきだ」とする考え方
②戦略は組織に従う……成果を出すために、既存の組織や人材が持つ特性、強みを活かす戦略を作るべきだとする考え方

この2つの考え方のどちらが正しいという話ではありません。

ただ、どちらかと言うと①は強者の理論かもしれません。手持ちの経営資源（ヒト・モノ・カネ・情報）が潤沢にあれば、目指すべき理想的な戦略を先に描き、それに従って潤沢な経営資源を割り振ることが可能です。大金を使って他球団から好き放題補強をできるチームには適しているでしょう。

一方で、②は弱者の戦略とも言えます。経営資源が限られていて、これ以上は望めない中で、成果を出すための「既存の強み」を活かす戦略だからです。

現実に目を向けると、日本全体の労働人口が減少している中で、人材が不足してい

ない業界はありません。限られた人材で勝ち抜くことを考えると「戦略は組織に従う」方が現実的な気がします。

もちろん、新庄監督のセコセコ野球も②の「戦略は組織に従う」考えに基づいています。手持ちの戦力を見て、その強みや特性を鑑みて、それが最大限活きるための組織方針を考えたのです。勝利のために戦力の強みを活かすことを考えた見事な例だと思います。

状況が変われば戦略も修正する

また、ここで大切なのは、状況が変われば戦略は適宜修正・変更をした方が良いということです。状況が目指す理想とかけ離れてきたら、戦略は変えるべきなのです。

2024年シーズン開幕当初はセコセコ野球を標榜したファイターズですが、レイエス選手、清宮選手が夏以降に打撃爆発し、さらに水谷選手や万波選手、そして勝負強いマルティネス選手や郡司選手などの活躍もあって、チーム打率がリーグ内で相対的に上がり、チームホームラン数もリーグ2位と打撃が強い結果になってくると、新庄監督の口からセコセコ野球という言葉はあまり聞こえなくなりました。

チームとしての強みが変わったことにより、目指すべき戦略を変えていくこともチーム運営には欠かせないマネジメントです。

ただし、トレーニングし続けたセコセコ野球は、なくなるものではありません。ツーランスクイズや2者連続スクイズを成功させるなど、相手の隙をつき小技で攻める典型的なセコセコ野球もまた、ここぞの場面で相変わらず健在で、結果的に振り幅の広い野球を魅せてくれています。

コラボレーションで弱みに注目しない理由

強みはヨットの帆、弱みは船体の穴のようなもの

さて、ここまで強みに関する話に触れてきて「弱みは放置でいいの？」と思った方もいるかもしれません。

それを理解するために、まず強みと弱みの関係を、ヨットの例で説明しましょう。

ヨットを利用する目的は、目的地にいち早く、安全に到達することです。

この時、強みはヨットのマストと帆にあたります。マストが大きければ大きいほど、たくさんの風を受けて速く進むことができますし、それが頑丈であれば、故障やトラブルも少なく、安全に進むことができます。逆に、マストや帆がなければ、ヨットはただ海面に浮かんでいるだけで、海流に流され、漂うだけになります。

これを人生に置き換えれば、強みを伸ばすことは、私たちが人生の目的地に到達す

■強みと弱み

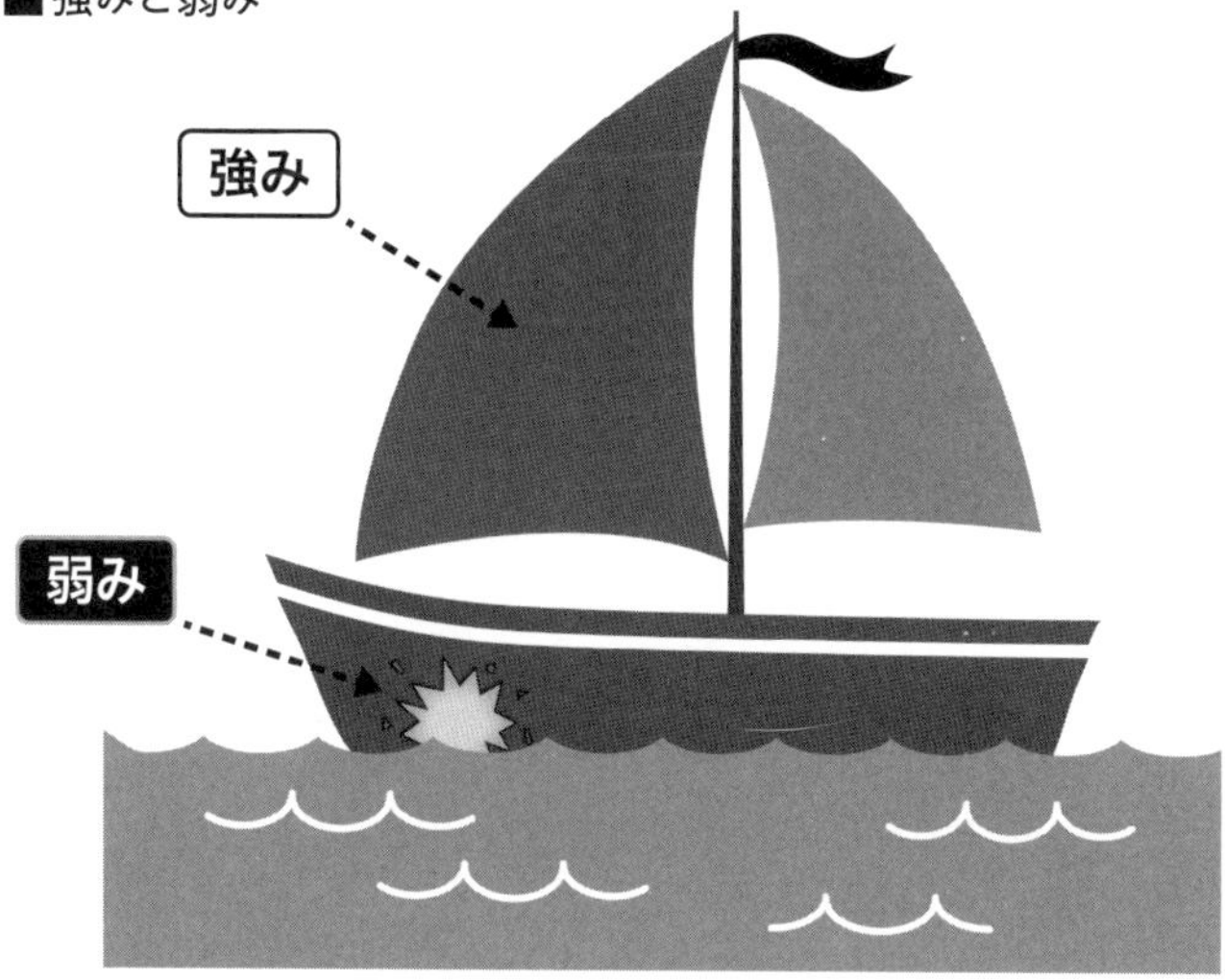

るために非常に重要なことだと言えます。強みがなければ、目的地に向かって進むことができません。

では、ヨットの弱みとは何でしょうか。それは、ヨットの船体に開いている小さな穴に例えられます。海水が少しずつ、少しずつ染み込んでくる穴が、弱みです。

このように船体に穴が開いていたら、賢明な皆さんはどうしますか？　当然、その穴を塞ぐでしょう。それで良いのです。弱みは放置すると、致命的なダメージをもたらす可能性があります。そのため、弱みを放っておくのは危険で、致命傷にならない程度に補修・修正する必要があります。

ただし、その穴をすべて塞いでキレイな船体ができたとしても、強み（マストや帆）がなければ、やはりヨットはただ海面を漂うだけです。つまり、人生の目的地に到達するには弱みのカバーだけでは不十分で、強みが必要だという話です。

弱みより強みに焦点を当てるべき理由

人を成長させようとする時、我々はつい弱みに焦点を当て、それを修正、改善しようと考えがちです。

しかし、果たしてそれは正しいアプローチなのでしょうか。

先ほどのヨットの例えを理解していただければ、答えはすぐに分かると思います。

これが機械やシステムであれば、壊れた部分を見つけて修理修復するのが常識でしょう。しかし、人間の心と、システムや機械の修理方法には大きな違いがあります。

残念ながら、それほどシステマチックではないのが人間です。

人間に「ここが君の弱点だから直そう」と言い続けると、モチベーションは上がらず、かえって精神的にダメージを与えることにもつながります。成長段階にある人や、自信を持てていない人に対してはことさらです。

前述した田中正義投手に対しての新庄監督の声かけは、機械やシステムに対して修理修復を求めるようなダメ出しではなく、真面目さゆえに動揺してしまう人間の心理を大切にした前向きなものだったから、功を奏したのです。

したがって人の成長において、弱みを改善することが本当に正しいのかと問われたら、私はそうではないと断言します。理由としては次の3つが挙げられます。

①効率的な理由

人が持っている能力をゼロ、プラス、マイナスの3段階で考えた場合、マイナスをゼロに引き上げるよりも、プラスをさらなるプラスへ高める方が圧倒的に効果的です。

実際、弱みであるマイナスをゼロに引き上げるには、ゼロからプラスに持っていく時の6倍の労力がかかると言われています。

育成に関してそれだけの労力をかける覚悟（指導する側、される側ともに）がなければ、弱みを改善させる方法としては適していないと言えるでしょう。

②脳科学的な理由

脳科学的にも、弱みに焦点を当てるアプローチは非効率的とされています。

アメリカの著名な心理学者・神経科学者であり、特に恐怖や不安に関連する脳のメカニズムについての研究で広く知られている、ジョゼフ・ルドゥー氏という人物がいます。彼は、「脳の成長は新しい枝が増えるというより、すでにある枝に新しいつぼみがつくようなもの」と表現しています。

つまり、脳科学の視点でも、強みを伸ばす方が弱みを改善するよりも、効率が良いということです。

③経営学的な理由

強みを生かすアプローチの有効性は、マネジメントの権威として知られるピーター・F・ドラッカー氏も認めています。ドラッカー氏は「現代経営学の父」と称され、20世紀を代表する経営学者です。彼は『現代の経営』や『マネジメント』など数々の著書を通じて、経営の在り方や組織論について革新的な洞察を提供しました。

そんなドラッカー氏も、組織の成功には個々の強みを最大限に活かすことが不可欠であると強調しています。彼の名著『プロフェッショナルの条件』にはこんな一文が出てきます。

> 成果を上げるためには、人の強みを生かさなければならない。弱みを気にしすぎてはならない。利用できる限りあらゆる強み、すなわち同僚の強み、上司の強み、自らの強みを総動員しなければならない。強みこそが機会である。強みを活かすことは組織に特有の機能である。

> 弱みに焦点を合わせることは、間違っているだけでなく、無責任である。上司は、組織に対して、部下一人ひとりの強みを可能な限り活かす責任がある。何にもまして、部下に対して、彼らの強みを最大限に活かす責任がある。

つまり、弱みにフォーカスしても個人や組織の成長や成功にはつながらないということです。

「標準化された基準」で評価するのは実は不合理

それではなぜ、私たちは弱みの改善にフォーカスしてしまいがちなのでしょうか。

それは、リーダーの立場からすると、強みにフォーカスするよりも弱みにフォーカスする方が楽だからです。そもそも、人の可能性は発展途上であることが多く、何がその人の強みになるかを判断するのは難しいものです。その点、弱みの改善は基準を設けて、それに達していない部分を指摘するだけなので、簡単です。基準は、業務の標準化によって設定できます。

しかし、標準化された基準こそが合理的な判断基準だと思われがちですが、果たしてそうでしょうか。一つ興味深い話を紹介します。

人間工学の分野で重要な研究者であり、特に人体の多様性を考慮した設計思想の発展に寄与したギルバート・S・ダニエルズ氏という人物がいます。

第二次世界大戦後、アメリカ空軍から航空機のコックピットの設計を依頼された彼は、もっとも使いやすいコックピットを設計するためには、平均的な身体寸法に基づいて設計されるべきだと仮定し、新しい設計に取り組みました。そして4000人以上のパイロットの身体の10か所の部位を測定し、その平均値に基づいてコックピットのサイズを設計したのです。

しかし、ここで問題が起こりました。測定した10か所の平均値の範囲内に収まる、いわゆる「平均的な体型」のパイロットが何人いるかを調べてみたところ、結果はゼロ。４０００人以上もパイロットがいる中で、何と一人もいなかったのです。３か所が平均に収まるパイロットを探してみても、わずか５％しかいませんでした。

この結果を受け、ダニエルズ氏は考え方を改め、「人が機械に合わせるのではなく、機械が人に合わせるべきだ」という方針に転換しました。そして、パイロットが自分で機材の位置を自由に調整できるように設計を変更したのです。

この事実から分かることは、標準を基に設計を行っても、その標準に完全に合致する人は実際には存在しないということです。これが「標準化の罠」です。

標準を基準にして人を評価するのは一見、合理的な判断のように思えますが、私たちは個性も性格もバラバラであり、工場で生産された製品のようにまったく同じではありません。それにもかかわらず、標準的な数値を作り、それにすべてを合わせようとするのは無理な話なのです。

5 ビジネスの現場でコラボレーションを行うには？

アセスメントツールで強みや弱みを具体化する

実際にビジネスの場で強みを活かすためには、まずチームメンバー全員で強みのアセスメント分析を行ってみてはいかがでしょうか。

アセスメントとは、個人の能力や特性を評価・分析する手法のことです。これにより、各メンバーの強みや弱みを客観的に把握し、それを基にチーム全体のパフォーマンスを向上させることができます。

今回は特におすすめのアセスメントツールを3つご紹介します。

①ストレングスファインダー（StrengthsFinder）

アメリカのギャラップ社が開発した自己診断ツールで、個人の才能を34種類の資質に分類し、その中から特に強い５つの資質を特定します。

　この診断を受けるためには『さあ、才能に目覚めよう』という本を購入し、書籍の裏に記載されているアクセスコードを使ってウェブサイトにアクセスする必要があります。質問に答えることで、あなたの強みを理解し、それをどう活かすかを学べます。自己理解を深め、個人やチームのパフォーマンスを最大化するための強力なツールです。

②VIA-IS（Values in Action Inventory of Strengths）

　ポジティブ心理学に基づいて開発された無料の診断ツールで、24種類の人格的な強みを測定します。ネットで「VIA-IS」と検索すると、簡単にアクセスでき、自分の強みを１位から24位まで順位づけすることができます。

　このツールは、ストレングスファインダーと同様に、個人の強みを明確にする際に非常に有用です。特にVIA-ISは性格特性の強みに焦点を当てており、個人の価値観や性格を理解するのに適しています。

③ MBTI（Myers-Briggs Type Indicator）

ユングの心理学理論に基づいて開発された性格診断ツールで、16種類の性格タイプに基づいて個人の性格や行動パターンを分析します。特に20代の若者には人気があり、インスタグラムで韓国のアイドルが紹介したことをきっかけに人気が広がりました。現在では、大学生の自己紹介でも使われるほど一般的です。

自己理解や他者理解を深める際に非常に有効で、個人の強みや適性を知ることで、より効果的なコミュニケーションやチームワークを築くことを促進できます。

チームで話し合えばアセスメントツールでは分からない強みが発見できる

ファーストステップでアセスメント分析をしたら、セカンドステップでは、それをどうやって日々に活かせるかを考えていきます。

例えば「あなたには好奇心という強みがあるが、これをどうやって仕事に活かすか？」というテーマでお互いに考えたり、話し合ったりしてみるのはどうでしょう。

この「話し合う行為」自体に重要な役割があります。強みをチーム全員で理解し合うことによって、心理的安全性が高まり、お互いにリスペクトが生まれるからです。自分が他人のことを理解していること、そしてチームメンバーが自分のことを理解してくれていることが、非常に強力な絆や相互理解を生むのです。

チームで情報共有をする時は、レポートを見ながらでも良いのですが、それとは別の方法もあります。例えば、「鈴木さんの強みについて、あなたが感じたことを伝えてみましょう。一人２つずつ伝えてみてください」という感じです。

こうすると、鈴木さんの強みを他のメンバーから言葉でプレゼントすることになります。これはアセスメントとはまったく別の効果があり、言われた側の自己肯定感を高めるだけでなく、伝えた側の強み測定リテラシーを上げることもできます。

さらに、他者から肯定的なフィードバックをもらうことで、自分では思ってもみなかった発見があるというメリットもあります。

実はアセスメントツールは万能ではなく、レポートには反映されない強みというのもあります。なぜなら、アセスメントの質問に答える際は、自分について知っている範囲でしか答えられないからです。レポートは、ある程度自分で分かっている部分を可視化するものであり、それはとても有益ですが、他者からは「鈴木さんには違う強みがある」と見えていることもあるのです。

重要なのは、他者から見た強みを伝えてもらったら、自分で謙遜し否定しないことです。自分にはそういう側面もあるのかと、自己イメージの固定観念を払拭することが、新しいイメージを広げるチャンスになるのです。

メンバーの強みに気づけないのはリーダーの怠慢

なお、管理職向けの研修で私が「メンバーの強みを活かしましょう」という話をすると、必ずと言って良いほど出てくるのが「褒めるところが見つからない」というリーダーの意見です。

これ、本当に多い声です。分かりやすい強みや目に見える弱みがあれば良いのですが、平均的に見えてしまう人に対しては、どう褒めれば良いのか分からない、という声が上がります。

これは多くの場合、基準に対して強みや弱みを考えるからこそ起こる問題です。相対的な強みではなく、絶対的な強みにフォーカスを当ててください。

それでも強みが見えないと言うのなら、私はいつも「その人らしさをそのまま言葉にして伝えてあげてください」と伝えています。卓越した成果や高い基準に基づいた評価ではなく、その人の個性や特徴こそが強みだと理解することが大切です。

例えば、「いつも細かい気配りが素敵だよね」とか「○○さんのおかげで空気が明るくなるよ」というように、その人らしさを認めてあげましょう。

もし、それでも強みが見つからないとしたら、それは観察が不足しています。しっかりと観察すれば、その人の強みや「らしさ」は必ず見つかるものです。

「自分のことをリーダーが好意的な目で見てくれている」とメンバーに感じてもらうことが、信頼関係の構築につながるのです。

第6章

良好な空気を作って回す「セレブレーション」

1 セレブレーションとは何か？

セレブレーションには2種類ある

いよいよ5Cの最後のCである、セレブレーション（Celebration）について説明しましょう。

簡単に言うと、「お祝い」「祝福」という意味ですが、5Cで意味するセレブレーションには大きく分けて次の2つの意味合いが存在します。

①メンバーに対して「賞賛」や「注目・認知」をすること

「賞賛」とは、文字通り褒めて讃えるということです。

一方、「注目・認知」はあまりピンとこないかもしれませんが、こちらはメンバーの言動や結果を見守り、そのことをしっかりとメンバーに伝え、安心感を与えることです。賞賛まで行かないものの、リーダーとメンバーの間でしっかりと心理的安全性を作りたい、という時にも役立つ技法です。

ここで重要なのは、見守っていることを「いつも真剣に取り組んでるよね」などと、さりげない言葉とともにしっかりと伝えることです。これらの小さな言葉が、チーム全体の雰囲気を作っていきます。

②「イベント」「特別感ある儀式」を行うこと

年度初めや年度末、年末年始などに何かしらのイベントを行っている企業も多いでしょう。まさにそれなのですが、ここでは自チーム独自でセレブレーション的イベントを企画し、実行してほしいのです。

例えば、チーム目標を達成したらイベントをするのです。と言うと「そんなことは昔からやっている」という声が聞こえてきそうですが、近くの居酒屋で祝杯を上げるとか、そんなレベルではなく、数年経っても記憶に残る、後々にも語り草になるような楽しいイベントにしてみてください。

また、目標などの達成を祝う合宿やパーティー、表彰式などの中長期的なタイミングで行われるイベントも重要です。例えば、年間目標を達成した際の打ち上げや、優れた成果を出したメンバーに対するチーム内での表彰などが考えられます。

さらに、誕生日や勤続記念日などの個人的な節目を祝うこともセレブレーションの一環です。これにより、メンバー一人ひとりが大切にされていると感じ、組織全体の結束力が強まります。

これらの短期的な「賞賛・注目・認知」と、中長期的な節目の「イベント」を総称して「セレブレーション」と言います。

イベントは、単に喜びを分かち合うだけでなく、チームの一体感を高め、メンバーが達成感や満足感を得られるようにする重要な要素です。セレブレーションがうまく機能することで、より良い成果を生み出すサイクルが生まれます。

また、人間は過去の楽しく幸せな記憶があることで幸福感を高めます。大切なメンバーが、あなたがリーダーを務めたチームで一緒に働けたことを楽しい思い出にして、幸福感を高めることは、成果を上げることよりも大事かもしれません。

セレブレーションを4象限で理解する

セレブレーションをより深く理解するために、次の図を見てください。これはセレブレーションのポイントを縦軸と横軸で分けて、四象限に分類したものです。縦軸の上が「賞賛」、下が「注目」。横軸の左側が「コモンパーパスによらないもの」、右側が「コモンパーパスによるもの」です。

コモンパーパス達成につながる言動を意識づけして強化させるために賞賛することは、チーム全体を方向付ける効果があります。また、縦軸の下側に位置する「注目」は、個人のやる気を高めたり維持したりする効果があります。

左側（コモンパーパスによらないもの）は、一見無駄に思えるかもしれません。効率だけを求めると、これらは関係のないコミュニケーションに見えるため、無駄と感じることもあるでしょう。

しかし、人間には感情があり、「無駄」に思える部分にこそ面白みやエンゲージメントが生まれやすいのです。特に左下の部分（コモンパーパスによらない注目）は忘れがちで軽視されやすいものですが、部下への関心やつながりを示すことで、部下の

■セレブレーションの4象限

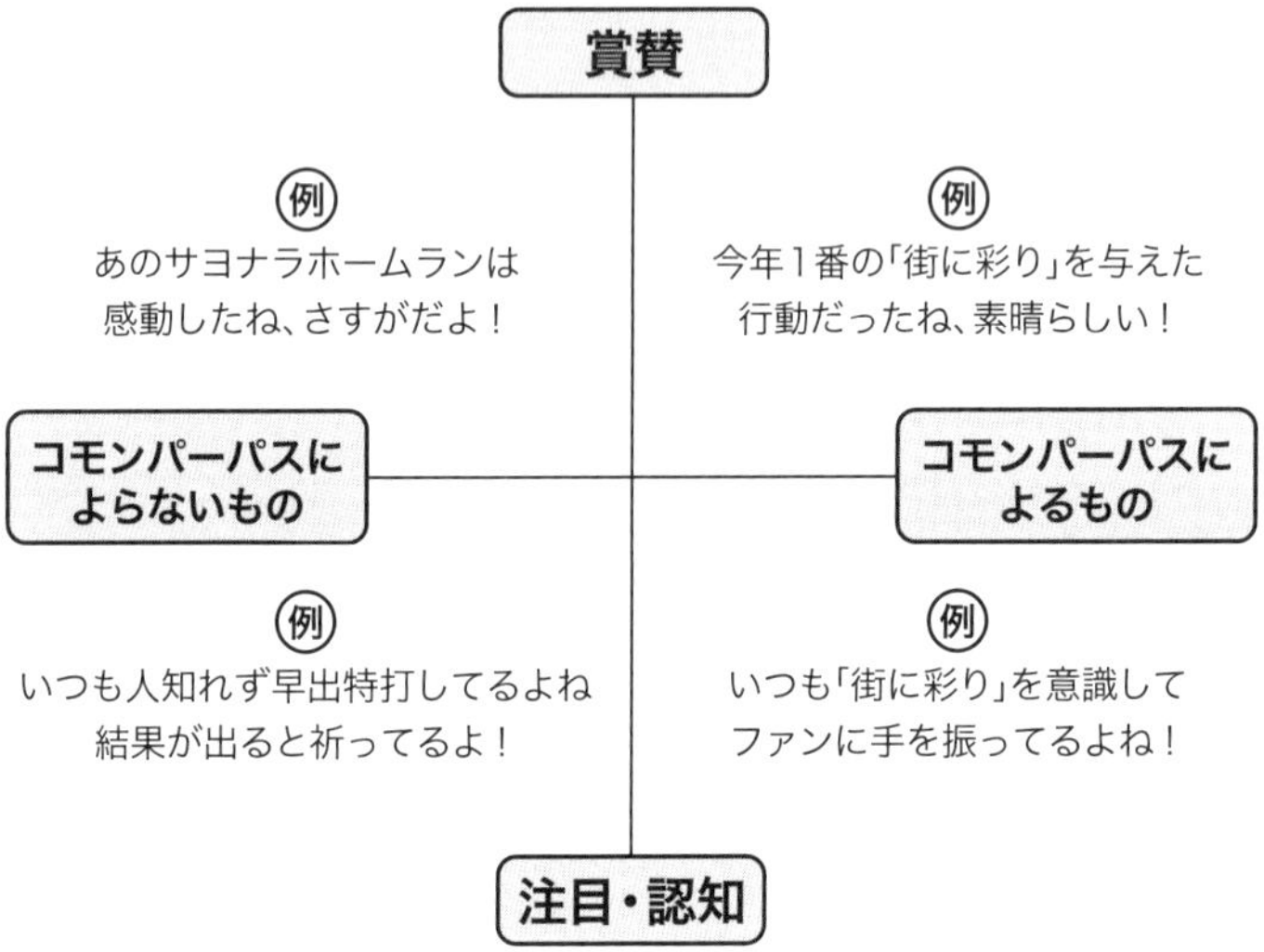

エンゲージメント、つまり上司やチームへの愛着心が高められる重要なものです。

「あなたのことを見ているよ」と示すこと、例えば家族のことを気にかけてお祝いしたり、励ましたり、声をかけるといったことも注目の一種です。

さらに、もっと根本的な部分として、日々の挨拶も重要です。挨拶したからと言って目標が達成されるわけではありませんが、挨拶は上司が部下を「コモンパーパス達成に役立つかどうか」だけで見ているのではなく、人としても関心を持っているというメッセージを伝える行動になります。

リーダーが自分に関心を持ってくれていると感じさせることで、エンゲージメントが高まるのです。貢献できていなくても注目してくれることで意気に感じるのが人間です。

結局のところ常にどれも重要で、成果や結果が出た時だけ賞賛すれば良いという考え方は時代遅れです。この４つすべてが必要だということを忘れないでください。

2 なぜ新庄監督はインスタグラムで選手のファインプレーを賞賛するのか？

賞賛センス抜群の新庄監督のＳＮＳ

新庄監督は自身のインスタグラムで、選手のファインプレーを賞賛するコメントとともにプレーの動画を紹介しています。これはまさにセレブレーションの好例で、選手にとって非常に嬉しいことでしょう。

例えば、俊足で知られる五十幡亮汰選手が走塁で活躍した試合では、彼がダイヤモンドを駆け抜ける動画とともに「もし俺がこの足を持っていたら、１億円の保険をかけるな」といったコメントを添えて投稿しました。このように、五十幡選手本人に直接伝えるだけでなく、ＳＮＳを通じてファン全体にその価値を発信しているのです。

また、若手の有望株である万波中正選手が打撃で素晴らしい活躍を見せた際には、そのバッティングを賞賛し、「このバットスピードはすごいな。お前の将来は輝いているぞ！」とコメントしています。このように新庄監督は、選手の潜在能力を高く評価し、その素晴らしさをファンにも伝える形で賞賛をして、選手にさらなる自信を与えています。

かつては直接は褒めずに、新聞記者などを介して賞賛するのがプロ野球監督の常套手段でした。選手は新聞紙面で自分が褒められていることを初めて知り、それを意気に感じるなんて時代もあったのです。なんとも奥ゆかしい時代ですね。

しかし、時代は変わりました。新庄監督のインスタグラムのストーリーのセンスにはもう脱帽のひと言です（令和とはいえ、監督がインスタグラムを使って選手を褒めるなんて、新庄監督だけですが……）。

新庄監督のこうした姿勢は、選手たちに「うちの監督は自分のことをしっかり見てくれているんだ」という安心感を与えていることでしょう。さらに言えば、それをＳＮＳのような多くの人が見ている場で書いてくれることは、選手にとって何よりも励みにも自信にもなるはずです。

特に発展途上の、自信が確立されていない若手選手が主体となるチームでは、この賞賛が大きな力になり、やる気を引き出します。まだ自分の能力を十分に花開かせていない選手にとっては、こうしたさりげない賞賛によって「自分にはこんな可能性があるんだ」とセルフイメージを高め、意気に感じ前向きに取り組ませる働きがあります。

逆の言い方をすると、賞賛されると、それを裏切りたくないと思うのが人間です。賞賛された点を一生懸命に磨いて、期待に応えたいという思いから、練習にも一層熱が入ることでしょう。

「褒めたら人はサボる」は勘違い

管理職の中には、「褒めたら人はサボる」と思っている人がいますが、それは大きな誤解です。研修現場で数々の管理職の方と接してきましたが、実際にそう考えている人が多くて驚きます。

「そんなことでメンバーを褒めていいんですか？」と疑問を持つ人もいるようで、なぜ褒めるとサボると思い込むのかとても不思議です。その方は褒められたらサボるのでしょうか。この思い込みには根拠がありません。

また、「褒めたらサボる」と考えるリーダーは、逆に「叱ったら頑張る」とも信じていることが少なくありません。

しかし、実際には叱られたからと言って、必ずしも頑張るとは限りません。叱ると何かが劇的に変わると思っているのかもしれませんが、そんなに簡単なものではありません。

確かに、褒められた人が一時的に甘えたり、気を緩めたりする可能性はあるかもしれません。しかし、徹底的に叱ることで「この人はもっと頑張るだろう」と思い込んでいるのは昭和から続く悪しき迷惑で身勝手な勘違いです。

むしろ、褒めることでリーダーへの信頼感と心理的安全性が高まり、行動力も高まるケースの方が多いでしょう。

褒め上手の新庄監督があえて褒めない選手もいる

ただし、（その割合はとても少ないのですが）メンバーの中には叱った方が良いフェーズにいる人もいるかもしれません。実際に、褒め上手である新庄監督ですが、実はファイターズの中でもある特定の選手だけには褒めない戦略を取っています。

その選手とは、清宮幸太郎選手。彼は高校時代から高校野球歴代トップの１１１本のホームランを放ち注目されていました。将来の球界を背負うスラッガーとしてファイターズに入団し、チーム内でも育成強化選手として指定されています。

そうしたこともあってか、新庄監督は、清宮選手に対して特に厳しく高い期待値を与えています。彼を賞賛することはほとんどありません。

例えば、清宮選手がツーランホームランを打ち2対0で勝利した試合でも、新庄監督はそのことについて一切褒めませんでした。その2打点が勝利を決定づけたにもかかわらずです。

あれだけ褒め上手な新庄監督が、なぜ清宮選手だけは褒めないのか？

不思議に思うかもしれません。もしかして、選手を無視しているのかと誤解されがちですが、そうではありません。

実は、その前日の試合で、清宮選手は走塁で大きなミスを犯していました。ワンアウトでランナーが一塁にいた状況で、清宮選手はアウトカウントを間違え、ツーアウトだと思い込み、全力で二塁から三塁へ向かって走り出してしまったのです。しかし、実際にはワンアウトだったため、外野フライを取られてから一塁にボールが戻され、ダブルプレーとなってしまいました。

このミスがあったため、新庄監督は翌日の試合で清宮選手がホームランを打ったにもかかわらず、「こんなホームランぐらいじゃ全然チャラにならない。あと5回ぐらいこういう活躍をして、やっとチャラ手前ぐらいだ」とコメントしました。

野村監督もやっていた「無視・賞賛・非難」の指導方法

この言葉だけを聞くと、厳しすぎるように感じるかもしれませんが、新庄監督の言動には深い愛情が込められています。試合前には、あえて報道陣に見えるように清宮選手に軽くゲンコツのポーズをして「ダメだぞ」と注意を与える場面もありました。これは彼を特別に扱い、愛情たっぷりに接している証拠です。

新庄監督は、清宮選手に対してしっかりと注目しながらも、あえて褒めないという選択をしています。それは、清宮選手のさらなる成長を促すための戦略であり、愛情表現でもあるのです。

この清宮選手への賞賛しない育成方法は、野村監督が常々言っていた「無視・賞賛・非難」を思い出します。

野村監督は選手の指導方法として、「三流選手は無視、二流選手は賞賛、一流選手は非難する」としていました。三流はまずプロとして技術を高めてくるまでは監督は無視をする。二流の選手へは賞賛をして上手に乗せる、しかし一流の選手には怠惰を防ぎ、現状にあぐらをかかせないために潜在能力を引き出すために非難するというものです。

人間の心理を突いている本質的な指導法とは思いますが、このまま今の時代に反映させると、やはりどうしても昭和臭が漂います。そもそも現代の企業でメンバーを非難したら人格否定と捉えられハラスメント案件ですよね。

昭和（平成）の大監督ノムさんの教えを令和風にアジャストさせる、そこに新庄監督の素晴らしさがあります。本質は変えずに、令和に受け入れられる表現方法で指導しているのです。

非難すら「明るく楽しく、ほっこりと」が新庄監督流

では「令和に受け入れられる表現方法」とはどういうことかと言うと、本気で非難をするのではなく、明るく楽しく周囲が見ていてほっこりするような形で賞賛をしないのです。

例えば、ある試合で清宮選手が勝負を決定づけるようなホームランを放った時のことです。当然ファンもベンチも大盛り上がり。普通なら、ベンチに戻ってきた清宮選手には、ハイタッチをしたり、頭をポンと叩いたり背中を叩いたり、雄叫びを上げたりといった賞賛の嵐が待っているはずです。

しかし、ホームインしベンチに戻り祝福のハイタッチをしに行った清宮選手に対して、新庄監督は心から嬉しそうな、しかしイタズラっぽい表情を浮かべつつ、視線は清宮選手ではなく宙へ飛ばし、ハイタッチどころか「何も起きてないよね」というポーズで座っていたのです。これには清宮選手も一瞬「あれ？」という表情をしつつも、いつものアレかと理解して、笑顔でその他の選手たちに祝福されていました。

また違う試合での同様の場面では、ホームランを放ち戻ってきた清宮選手に新庄監督がハイタッチではなく、指先タッチで迎えたこともあります。清宮選手も咄嗟に人差し指１本を差し出して、監督と若き主砲のなんとも微笑ましい指先タッチが交わされていました。周囲もほっこりしつつ、新庄監督の「まだまだ清宮くんの可能性はこんなもんじゃないんで」というメッセージが伝わってくるシーンでした。

あるインタビューで「新庄監督との関係はどうですか？」と問われた清宮選手のコ

メントが、令和時代の指導法が成功しているのを物語っています。

「正直、自分で言うのも何ですが、愛されていると思いますね」

「面白いと思います。だってこの間は『振ったところにボールが来ただけ』って言ってたじゃないですか、そんなわけないのに」

清宮選手は笑いながら、そう答えていました。

自分がもっと上を期待されているがゆえに、賞賛されていないことを理解し、しっかりと受け止めている清宮選手。明るく楽しく、賞賛しないことすらネタ化されていて、チームの雰囲気が良くなっている令和時代の教科書のような2人の関係性に、ファンの我々も夢中になってしまいます。

3 なぜ新庄監督は春季キャンプ前夜に花火大会を開くのか？

年1回の花火に今年の想いを込める！

プロ野球選手にとっての元旦と言われる2月1日春季キャンプ。その前夜にファイターズでは、新庄監督になってから毎回行われる恒例行事があります。

それが「キャンプ前夜の花火」。この花火大会は、新庄監督が就任してから毎年、キャンプ地であるタピックスタジアム名護にて行われ、選手、コーチ、裏方たちが一緒に２０００発以上の花火を鑑賞します。

今のところプロ野球の春季キャンプ直前に花火大会を催しているのは、新庄ファイターズのみ。これは新庄監督ならではの発想で、気分を盛り上げ「ここから行くぞ」「今年にかける思いを固める」といった決意を持たせる、まさにプロ野球選手にとっての「正月」を迎える儀式のようなセレブレーション的イベントと言えます。

花火を見ながら、選手たちはそれぞれの思いを胸に刻み、自分の決意を確認します。年に一度、チームみんなで心を一つにし、新たなシーズンに向けて気持ちを高める、新しい一年のスタートを意味する重要な場となっているのです。

お祭りの楽しい要素が加わることでエンゲージメントが高まる

「セレブレーション」という言葉には、お祭りのような印象があると思います。なのでお祭りについて考えると、その意味が分かりやすくなるかもしれません。

そもそもお祭りには、神様に何かを奉納するとか、豊作を願うといった目的があります。これは、いわゆるコモンパーパス（共通の目的）に近いものです。

ただし、太鼓を叩いたり、笛を吹いたり、御輿を担いだりといった行動には、その行動自体が単に楽しいという要素もあります。

例えば、神社や寺で行われる正式な儀式は厳粛なものですが、参加者にとってはあまり楽しさを感じるものではありません。むしろ、御輿を担いだり、屋台で食べ物を楽しんだりする部分が、現代のお祭りの魅力となっており、それが人々を惹きつけています。

それと同じで、コモンパーパスに基づいた活動だけでは、どうしても堅苦しくなりがちで、興味を持つ人も限られてしまいます。しかし、お祭りのように楽しい要素が加わることで、より多くの人が集まり、共感やエンゲージメントが高まります。

この「楽しむための要素」が、セレブレーションを成功させる上で非常に重要です。つまり、お祭り特有の「非日常感」が大事になるのです。

お祭りは非日常的なイベントであり、日常生活とは異なる特別な場です。日常生活はルーティンによって構成されており、特別な刺激が少なくなりがちです。しかし、お祭りのような非日常的な場があると、人々はそこに集まり、新しい刺激を得ます。

そしてそのようなセレブレーションは個々の思い出の中に残り、過去の大変だったけど幸せな時代として心に残り続けるのです。

出番の少ない選手にもスポットを当てる「勝利の一丁締め」

他にも、新庄監督が仕掛けるセレブレーションはたくさんあります。

例えば、勝利試合の後、選手たちがグラウンドに出て大きな円陣になり行う一丁締め。

22年シーズンから始まった一丁締めですが、当初はベンチ前に小さく円陣を組み、監督コーチ、選手だけで一丁締めをしていました。が、いつの頃からかファンを巻き込んでの大きな一丁締めとなっています（せっかく一丁締めをして勝利を祝うならファンも一緒に巻き込もうという流れは、「街に彩り」という新庄監督のコモンパーパスを体現していますね）。

24年は主に盛り上げ隊長の奈良間選手がマイクを手に取り「みーーなさん、おーー疲れさまでぇーーーーす！お手を拝借うう！」と会場を煽り、ファン全員が声を合わせ「よーーーーぉっ」、そして選手もファンも両手を強く一つ叩き「パンッ」……といった具合に、会場が一つになって勝利を祝しました。

この儀式を発案したのはやはり新庄監督だそうで、試合後一丁締めをした理由を、こう語っています。

> 全員と並んでハイタッチだと、良いプレーをした選手は笑顔でタッチをしにくるけど、結果が出なかった、エラーした選手はしゅんとした感じのハイタッチって嫌だなあって思ってた。

だったら勝ったみんなで一気にバン！　って、絵的にもすかんと終われるかなと思って。

試合で活躍していない選手に対しての配慮、まさにセレブレーションの一つ目の意味である「注目・認知」をした結果の策が、この儀式の出発地点だったのです。その試合で活躍をしていない選手に対しての配慮を形にするあたりが、新庄マネジメントにうなる思いです。

ちなみにこの一丁締めのマイクパフォーマンスで誰が音頭を取るのかについては、新庄監督と林ヘッドコーチで相談し決めているとのこと。ヒーローインタビューに出る機会が多い選手は避けているそうで、スタメン常連選手、主軸選手、ローテーション投手等ではなく、野球の脇を固める選手の中から、マイクを持てば会場を盛り上げることができる選手が指名されることが多いようです。

出番の少ない選手へもしっかりと注目・認知をしつつ、選手の強みも活かし、ファンも参加して笑顔になる、これほどまでに完璧なセレブレーションはなかなかないと思います。

選手発で生まれたブルペンズのセレブレーション

もう一つ、ファイターズならではのセレブレーションをご紹介しましょう。

これは、基本的にエスコンフィールドで開催された試合で、先発投手が完投しチームが勝利した試合にしか見ることができない特別なもの。

チームが勝つと、先ほど触れた勝利の一丁締めを行うために、外野ライトフェンス奥にあるブルペン（投球練習所）からファンの間で「ブルペンズ」と呼ばれているリリーフ投手陣7〜8人が出てきます。

その時、横一列肩を組んでスキップするように大輪の笑顔で出てくるのです！

スタンドのファンもその姿に大喜び。見ているだけでにやけてしまうような、チームの良い雰囲気がそのまま表現された光景です。

中でも特別印象に残っているのは、プロ野球選手としては小柄な身長168㎝の山本拓実投手が、両サイドに陣取る背の高い選手の肩に手を回し、宙に浮いた状態で歩いているようになった光景。23年シーズン途中からファイターズへ移籍してきた山本投手ですが、すっかりファイターズに馴染んだそのユーモラスな光景にファンは湧きました。

ちなみに、このブルペンズの肩を組んでの登場は、実は新庄監督ではなく、大ベテランの宮西尚生投手が発案者なのだそうです。

24年シーズンにプロ野球前人未到の４００ホールドを記録し、鉄腕健在を示している宮西投手。キャラクターとしてはストイックで笑顔はあまり見せない、仲間と戯れることもあまりしない孤高のイメージとして定着していましたから、正直、驚きました。あのストイックな宮西投手が生みの親とは……。

宮西投手は、このセレブレーションが生まれた背景をこのように語っていました。

「（先発投手が）完投したら何かやろうか」と。それに皆が乗ってきた感じです。最終的に2死から（田中）正義が行ってセーブしましたが、それまで延長戦も多く、皆気持ち的にしんどい時期だったので何かテンションを上げるようなことをしたかった。

リリーフは孤独です。試合も別の場所で観ながら準備するので、疎外感じゃないけどゲームの雰囲気に入りたいけど入り込めない。試合で投げなかった中継ぎは特に「今日は何もできんかったな……」と思う時があって。

でも、今年は試合後に監督やコーチ、野手の皆が中継ぎ陣をグラウンドで輪になって迎えてくれます。リリーフ一本でやってきた身としては、それがすごくありがたくて。その中で「僕らも勝利を喜んでるよ」と何か形で見せたいのもあって、色々な思いで行動に移しました。

ブルペンズとして野手陣に気持ちをお返ししたい。その思いが形になっているセレブレーションなので、我々ファンも見ていてほっこり感動できたのだと思います。

そして何より、リーダーとしてこれ以上嬉しいことはないでしょう。新庄監督が就任以来2年半言動で示し続けていた「街に彩りを」というコモンパーパスは、もはや新庄監督の手を離れ、選手個々が主体的に考え、それぞれの持ち場で「街に彩りを」の花を咲かせるまでに至ったのですから。

4 ビジネスの現場でセレブレーションを行うには？

短期と中長期のセレブレーションをする

セレブレーションで行うべきことは、短期のセレブレーション（日々の挨拶や日常的な賞賛）と中長期のセレブレーション（イベント）を実施し、5Cのサイクルをより強力に回していくことです。

特に、リーダーが率先して皆でお祝いできる雰囲気を作り出すことが重要です。

こうした祝福の場を設けることは、チームやメンバー一人ひとりを大切にしているというメッセージを伝える重要な手段です。また、みんなで祝福することで、親近感や信頼感、友情や絆が深まるというメリットもあります。このような効果が、チームの結束力を高め、結果としてチーム全体のパフォーマンス向上につながります。

セレブレーションは、ただの儀式的な行事ではなく、チームのモチベーションを維持し、成長を促進するための重要な要素なのです。

令和のイベントはメンバーに話を聞いて作るもの

昭和の時代には、企業には大家族的な意味合いが強く、季節ごとのイベント（社員旅行や秋の運動会）などが盛んだったと言います。業績が上がったからという理由ではなく、単純に季節のイベントとして定期的に行われていたのです。

しかし、令和の今、私たちの世代を含め、そういったイベントに参加したがらない傾向があります。休みの日まで会社の行事に参加したくないという気持ちが強くなり、その結果、こうした行事が徐々に廃止されていったのです。

このような流れを考えると、「今さらイベントなんて、若い世代には喜ばれないのではないか」という疑問も浮かびますよね。

確かに、若い世代が喜ぶイベントと、そうではないイベントが存在します。イベントの主催者だけが楽しんで、参加者がしらけてしまうようなイベントでは意味がありません。お祭りやイベントというのは、参加者が楽しんでこそ価値があるものです。

したがってイベントを企画する際には、参加者が本当に楽しめるような工夫や仕掛け、条件設定が必要です。そのためには5Cの基本に立ち返り、コミュニケーションを強化すること。つまりリーダーが独断でイベントを企画するのではなく、チームのメンバーに何が楽しいか、何をしてもらえたら嬉しいのかをコミュニケーションすることが大切です。

そのコミュニケーションがあまり盛り上がらなかったり、新しいアイディアが出ない場合は、そもそも組織内に心理的安全性が足りていないのだと思います。その状態でイベントをしてもスベる可能性が非常に高いでしょう。

ですから、大きなイベントを企画する前に、日頃の「賞賛・認知」のセレブレーションを多く取り、心理的安全性を高め、メンバーが自由闊達に発言できる環境を作ることに努めましょう。

また、このようなイベントは可能な限り業務時間内に行うことが理想です。日常的な仕事の中にお祭りのようなイベントを取り入れることで、チームのエンゲージメントが高まり、最終的には仕事の成果にもつながります。だからこそ、最初に歩み寄るのはリーダー側からであるべきなのです。

失敗してもいいし、飽きたらやめてもいい

では、もしセレブレーション的イベントが失敗したら……？

失敗を笑い話にして、またコミュニケーションを取りながら次に進めばいいのです。結局、動きながら何かをやることが得につながると思います。笑いのネタが増えたと思えば、失敗にも大きな価値があるのです。

また、飽きたらやめるという柔軟な姿勢も大切です。「やり始めたら、続けなければならない」という考えに縛られると、どうしても固くなってしまいます。

例えば新庄監督の試合前の相手監督や審判とのハイタッチのような慣例も、続けることが目的ではありません。最初はカンフル剤のように効果があっても、飽きてしまい効果が薄れたら、無理に続ける必要はないのです。

何かを試みて、うまく行かなければやめればいいし、それを笑い話にできれば、次のステップにも進みやすくなります。こうした柔軟な姿勢で物事に取り組むことが、結果としてチームの成長や成功につながるのではないでしょうか。

最初から満点を目指し、継続を前提とする必要はまったくありません。

第7章

新庄監督はどうやって令和型のリーダーになったのか？

1 過去のエピソードから新庄監督を考察する

価値観を作るのは「経験と体験」

ここまで新庄監督のマネジメントが５Ｃのモデルそのものであることをお伝えしてきました。本章では、なぜ新庄監督はそのようなコモンパーパスを持つようになったのか、あのような監督像になり得たのかを紐解いていきたいと思います。

人間の思考や行動の根源にあるものは、「価値観」です。価値観とは、好きや嫌い、善悪美醜、重要で大切にしている思いや考えのこと。意思決定や行動を左右する基準となるものです。言うまでもなく、この価値観の存在が、その人が大切にする、コモンパーパスや監督像に直結しています。

そして、その人の価値観というものは、基本的には生きていく中で後天的に形成されていきます。つまり、個人の過去の「体験や経験」から生まれるものです。

具体的には、まず過去に感動したり感激したりした体験。例えば、心が震えるような喜びや、「これ最高！」「素晴らしい！」と思えるような成功体験、感覚的にポジティブだったことなどが、価値観の形成につながります。

それから、不満や怒り、失望といったネガティブな感情を伴う体験も重要です。例えば、「最低！」とか「こんなこと許せない！」と思ったような強烈な失敗や裏切りの経験。あるいは「何でこんなことが起きたのか？」と感じるような理不尽な体験や、「もう二度と同じ目に遭いたくない！」と思うような挫折感も、価値観の形成につながります。どちらにしても、大きな出来事、体験や経験が、価値観の基盤となるのです。

そこで、あくまで私の主観を含んだ考察ではありますが、この章では新庄監督の過去のエピソードを追いながら、なぜ、現在のような監督のスタイルになっていったのかを紐解いていこうと思います。

人間の思考特性、行動特性の大原則に則って考えていくと合点が行くことが多いものです。この章をご理解いただけると、メンバーや上司の思考や行動への疑問を解消できるかもしれません。人間理解が深まることで、より良い関係を築くことができるでしょう。

2 「街に彩りを与える」を生み出したファンとの交流

きっかけは阪神タイガース時代

新庄監督は選手時代から、プロ野球の存在意義とは「街に彩りを与える」ことだと考え発信していました。自分の契約さえ高条件を引き出せれば良しとする選手が多い中、一人の現役選手がプロ野球全体の存在意義を語る視座の高さを当時から持っていたのです。そして、その信条を持ったまま監督に就任しました。

では新庄監督はなぜ、プロ野球界の繁栄を願い「街に彩りを与える」と思うようになったのでしょうか。

「街に彩りを与える」すなわちファンサービスを強く意識するきっかけとなったのは、阪神タイガース時代、レギュラーに定着した頃だと新庄監督自身は語っています。

甲子園球場でセンターを守り、外野スタンドに数多いる自分を応援してくれるファンを見た時に「今日この人たちに笑顔で帰ってもらいたいな」と、ふと思ったことがあったそうです。

仕事や勉強、家庭のことで忙しい中、それぞれに時間を作ってくれて、大切なお金を払って、電車に乗って詰めかけてくれた。ファンのその想いを想像した時に「笑顔で帰ってもらいたい」と感じたのだと言います。

自分のことを好意的に応援してくれるファンが多いスター選手ならではの体験・経験かもしれません。

「お客さん」ではなく「ファン」だと気づかせた少女のひと言

また、こんなエピソードもあります。

当時のヒーローインタビューで、新庄選手がファンのことを「お客さん」と言ってしまったことがありました。その時、小学生の女の子にこう言われたそうです。

「私たちはお客さんじゃないの。ファンだから観に来ているの」

この言葉にショックを受けた新庄選手は、「申し訳なかった。これからはお客さんと呼ぶのはやめてファンと呼ぼう」と決めたのだそうです。

応援してくれる人、好きでいてくれる人に対して一線を引くニュアンスがあり、お金を連想させる「お客さん」という言葉は使いたくない。そんなちょっとした言葉の機微を捉えて、考え方を修正したのです。

これもまた、20代のプロ野球選手が感覚として「街に彩りを与える」という信条を持つようになったきっかけの出来事と言えるでしょう。

私も学生時代から新庄選手を追いかけ外野席から声を嗄らしていましたが、新庄選手はやはりグラウンドでも印象的でした。

プロ野球選手は、ホームランやタイムリーヒットを打った後など、守備位置につく時、応援席からコールをもらうと選手たちは手を挙げて応えますが、新庄選手そんなさりげないシーンでもファンサービスを徹底していました。応援席からのコールに対して、格好良く背筋を伸ばして、最敬礼をしていたのです。帽子をスッと取り、頭を思い切り下げるとサラブレッドの尻尾のように手入れの行き届いた髪の毛が舞い、キャップをふわっとかぶる、その姿が洗練されていてクールなのです。

応援席からは「新庄さーん」という黄色い声援。「いいぞー」という野太い声。「お前にしかできないぞー、かっこつけー」と囃したてる声援。スタンドが笑顔で盛り上がるプロ野球がもたらす幸せな空間。

誰とも似ていない過剰なほどのファンへの挨拶も、すべて笑顔で帰ってもらいたいという気持ちの表れだったのだと思います。

新庄監督は、野球好きの男性や少年たちはもちろん、今まで野球に興味がなかった女性や少女たちにも球場に来て野球を観てほしいと考えているので、そのような格好良い所作にまでこだわりを見せたのではないでしょうか。

ファンとの関係に陰りが見えたことも

このようにファンを大切にする新庄選手ですが、ファンとの関係に陰りが見えた出来事もありました。１９９７年、打撃成績が極端に不振だった年のことです。

打撃の調子が悪くても、さすがはスター選手。オールスターのファン投票で外野手部門２位に選ばれます。本人も「こんな打撃成績で出ても良いのか」と葛藤する中、なんとか自分を鼓舞して出場したオールスターで、球史に残る悪行が当時の応援団によって繰り広げられました。

新庄選手が打席に入ると、応援団がトランペットや太鼓での応援をピタリとやめてしまったのです。応援団による新庄選手の応援ボイコットです。

外野応援席からはペットボトルやメガホンなどがグラウンドに投げ入れられ試合は中断、「そんな成績で出場するな、恥を知れ」と書かれた横断幕が掲げられ「新庄帰れコール」。

これは精神的に大変なダメージだったと、後に新庄監督自身も語っています。熱狂的すぎるファンからの期待を一身に背負い、ファンとの関係性に難しさを感じていた時期でした。ファンを愛し、笑顔で帰ってもらいたいと思っていても、成績が振るわないと一部のファンが自分を傷つけてくる。その心中は非常に複雑だったことでしょう。

24年シーズン中、ファイターズの応援団がコールした「気合いを入れろ！　○○（選手名）」という応援コールについて「気合いを入れていない試合は一回もないんだけどね。負けてる時こそ、選手にはちょっと温かい声を伝えてほしい」と、珍しく苦言を呈したのも、過去に自分が受けた心の傷を思い出し、若い選手たちを守るための発言だったのだと思います。

マスコミとの関係にも変化が

ちなみにタイガースでの現役時代には、マスコミとの関係にも変化が見えてきます。その頃のタイガースは暗黒時代真っ最中で、スポーツ新聞の一面を飾るような明るいネタは多くはありません。そのような中で、マスコミは新庄選手のスター性に注目していました。

それ自体は必ずしも悪いことではないのですが、さすがに先輩選手の試合での活躍よりも新庄選手の散髪がスポーツ紙の一面に掲載されるようになると、チーム内にも不穏な空気が流れ始めます。先輩たちからは距離を置かれ、新幹線で遠征に行く時は誰も隣に座らなくなりました。移動中にマスコミに追われることを好む選手はいません。しかもお目当てが自分ではなく後輩の新庄選手ならば、なおのことです。

なぜ自分だけ追いかけられるのか、新庄選手は悩みます。これは「若手人気アスリートあるある」で、スター選手の誰もが一度は通る道です。マスコミと距離を置くようになると、さらにマスコミとの関係も悪化し、記事として良い書かれ方をせず、ファンとの関係にもわだかまりができるという負のループへ陥りました。

突破するきっかけはアメリカMLBへの移籍でした。2000年にFAを取得し、ニューヨーク・メッツへ移籍。メッツのキャンプへ参加した新庄選手は、陽気でいつも笑顔、周囲を明るくする存在となりました。

アメリカで過ごした時期は「街に彩りを与える」という信条が強化された時期なのかもしれません。ニューヨーク1年目にして、愛されキャラになりきる感覚を身につけたと考えられます。明るいキャラを全面に出し、ふざけて楽しそうに笑顔でチームメイトとコミュニケーションを取りながら、ニューヨークのファンに覚えてもらい受け入れてもらえるように振る舞っていました。一瞬のチャンスをつかみ取る、チャンスに強いクラッチヒッターぶりで注目されると、ニューヨークのファンが新庄選手に熱狂し始めました。

その頃からマスコミへの対応も変わってきます。阪神タイガース時代は避けて通っていたマスコミ対応ですが、アメリカでは積極的にマスコミに対してサービスするようになっていったのです。リップサービスや面白い表現などが受けて、新庄選手は記事に使えそうな良いコメントをしてくれる選手と認識されるようになりました。

取材時間を作りしっかりと対応し、その時間内にユニークな話をするようになると、それ以外の時間やプライベートにマスコミは追わなくなります。それまで朝も夜も24時間追い回していた記者もいなくなりました。

マスコミとWin-Winの関係を築けたことで、良い記事を書いてもらえ、ファンからも叩かれなくなります。アメリカから戻りファイターズへ移籍する頃には、タイガース時代とは別人のような大輪の笑顔を見せ「街に彩りを与え」ていたのです。

「ファンに愛される」より「ファンを愛す」

２０２１年ファイターズの期待の新人選手の入団会見での一コマです。

新庄監督も同席している中、新人選手の一人が「ファンに愛される野球選手になりたい」と抱負を語りました。それを聞いた新庄監督が、すかさず、こうたしなめました。

「ファンに愛される選手になりたいじゃなくて、そのためには自分がファンを愛すことが一番大事なので、その辺は頭に入れてお願いします」

野球指導の前に、ファンに対しての心構えを説く。新庄監督の価値観が全面に出ていたシーンでした。

人の価値観の形成は、さまざまな体験や経験を経て形成されます。良い経験や最高な体験はもちろん、最低最悪の体験からも価値観は生まれます。新庄監督にもスター選手の宿命として良い経験もありましたが、思い出したくないような最悪の経験もありました。その経験・体験を経て、ファンを愛すること、その輪を広げて「街に彩りを与える」という価値観、コモンパーパスを強固なものにしていったのでしょう。

3
サクセスストーリーに裏付けられた「努力は一生、本番は一回、チャンスは一瞬」

スカウトを振り向かせたバックネットへの投球

エスコンフィールドのとあるトイレ出口へつながる通路の壁には、元ファイターズレジェンド選手たちの名言が書かれています。その中に、こんな名言があります。

「努力は一生、本番は一回、チャンスは一瞬」

これは新庄監督の名言であり、大切にしている価値観です。

ではこの価値観はいつ、どのように生まれたのでしょうか？

新庄監督がまだ坊主頭の高校球児だった頃にさかのぼりましょう。

所属していた西日本短大附属高校の野球部グラウンドにプロ野球のスカウトマンが数人、練習を見にきました。プロ野球のスカウトマンに高校球児がアピールできる機会などそうそうありません。張り切っていた新庄少年ですが、実はスカウトのお目当ては別の選手でした。

当然、新庄少年にはプロ野球選手になりたいという強い思いがありました。バックネット裏で練習を見ているスカウトマンの目になんとかアピールして留まりたい。でも、なかなかアピールもできない。そうこうしているうちに、スカウトの人たちは帰り支度を始めます。

「あ、やばい、帰ってしまう」

そう思った新庄少年は、その瞬間、脈絡もなく外野から金網でできたバックネットをめがけて思いっきりボールを投げました。

ガシャーン！

遠く外野から勢いよく投げたボールが当たり、すさまじい音が響きました。

その音を出した強肩ぶりにスカウトマンたちは驚き、監督に「今ボールを投げた子はどの選手ですか？」と尋ねます。監督は新庄少年の名前を告げました。そして、強肩で足が速いという新庄少年の長所を聞き、彼らは帰っていきました。一瞬のチャンスを見事にものにして、新庄少年はスカウトマンの記憶に残ることに成功したのです。

当時から新庄選手は、俊足で守備範囲が広く、高校生離れした強肩の持ち主です。

自分のアピールポイントを熟知し、見せるべき時に見せる、今この瞬間にアピールするという判断を一瞬で下した新庄選手。バックネットに向けて遠投するような、一見無謀とも言えるアピールがなければ、プロ野球選手としての新庄選手はいなかったかもしれません。まさに「チャンスは一瞬」という価値観を形成させたエピソードです。

ちなみに、スカウトマンに強肩を見せつけた日からしばらく経った、甲子園へと続く地区大会決勝日では、サイクルヒットを放ち「肩が強く足も速いが、打撃が未知数」というスカウトの評価を覆すアピールにも成功しています。そして、甲子園へは行けませんでしたが、見事に阪神タイガースからドラフト5位で指名されたのです。

未経験のポジションでも「できます！」と即答

「チャンスは一瞬」の価値観を形成させたと思われるエピソードはまだあります。タイガース入団後も、新庄選手は一瞬のチャンスを逃すことなくつかみ取っています。

入団1年目の二軍での練習時から、新庄選手は誰よりも目立つことを考えていました。二軍ではまず体力作りと足腰を鍛える目的でハードなアメリカンノックを課せられます。他の選手のほとんどがバテて動けなくなる中、新庄選手は最後まで諦めず挑み続け、目立つようにしていました。

そして2年目。

ある時、一軍でケガ人が続出し、二軍選手を昇格させるために、一軍の中村勝広監督が二軍の監督に「元気で活きの良い選手はいないか」と打診します。そこで新庄選手に白羽の矢が立ちました。

ただし、一軍で空いていたポジションはサードでした。新庄選手は高校時代からセンターの名手で、内野の経験がありません。二軍の監督が新庄選手に声をかけます。

「おい新庄、お前サードはできるか?」

「はい! できます!」

未経験なのにもかかわらず、即答です。

このチャンスを逃したら次にいつ訪れるか分からない。いや、競争相手はたくさんいるのだから、もうないかもしれない。一瞬のチャンスの大切さを知っている新庄選手だからこそ、絶対に逃しません。

そして、つかんだチャンスでは必ず結果を残します。

一軍で初めてスタメンになった日のこと。アピールできずにまた二軍に戻るのは嫌だと考えた新庄選手は、「記憶に残らないような結果は嫌だ、とにかくアピールしよう」と思い切り強くスイングしようと腹を括りバッターボックスへ入りました。

初打席、初球、肩口から入ったカーブに思い切りバットを振り、ホームラン！

無名のドラフト5位の新庄選手は一軍の首脳陣に記憶され、次の日もアピール、次の日もアピール、気がつくと出場機会を増やしていきました。

そして3年目、未経験ながらも内野手として活躍していたある日、一軍のコーチから問われます。

「新庄、お前センターできるか？」

待っていましたと言わんばかりの本領発揮の大チャンス。実際に一軍で試合でセンターを守ってみると、足は速く守備範囲は広く、肩はめっぽう強い。タイガースのセンターは今後10年は安泰だと周囲に思わせて、押しも押されもせぬレギュラーに定着しました。

監督になった今、ファイターズの若手選手へマルチポジションができるように育成をしているのも、これらの体験・経験があるからでしょう。まずは試合に出るために、自分のポジションに固執していてはいけない。どのポジションでもできるように準備してアピールしてできるよう練習しておくように、と選手たちに伝えているのです。

代走でまさかのタッチアップ敢行

アメリカMLBへ挑戦した時も、やはり同様でした。

移籍先のニューヨークメッツではレギュラーなど当然確約されておらず、むしろいつマイナーリーグに落とされても良いような状況。日本での競争とは次元が異なる超競争社会で、なんとかスプリングキャンプとオープン戦を生き残り、開幕メジャーのベンチ入りを果たします。

ただし、スタメンではありません。試合終盤、新庄選手は一塁ランナーの代走として初めてメジャーリーグの舞台へ立ちます。

代走では盗塁のサインが出ない限り、あまりアピールのしようがありません。ここはミスをしないよう慎重に……と新庄選手が無難に考えるわけがありません。新庄選手を一塁に置いて、続くバッターがセンター後方に大きなフライを放ちます。相手センター、メジャーリーグでも屈指の守備の名手チッパー・ジョーンズ選手が背走しながら捕球した、その瞬間です。

一塁ランナーの新庄選手が二塁めがけてタッチアップを敢行！

野球を知っている人なら、この無謀さを理解できると思います。しゃにむに二塁をめがけて重心低く疾走する新庄選手。ボールは二塁へ戻され、タッチ、セーフ！

まさかの、センターフライで二塁へのタッチアップ成功です。

まさに「チャンスは一瞬」。こうして新庄選手は、メジャーでも首脳陣へのアピールに成功したのです。

その後も、レフトで守備機会を得ると、前方へ飛んだフライを回転レシーブの要領で見事に軽やかにキャッチ。回転レシーブはなくても良かったのでは……とファンは思いつつも、そこは華麗な守備を魅せるのも大切なアピールの一つなのでしょう。そうやって、一瞬のチャンスをものにするため、次の日もアピール、次の日もアピールし、一試合一試合メジャーで出場機会を増やしていったのです。

「努力は一生、本番は一回、チャンスは一瞬」という価値観は、このような新庄選手のサクセスストーリーの体験・経験から形成された、とても根強いものになっています。それゆえ監督になった今も若手選手たちに「チャンスは一瞬、それをものにできるかできないかが大事」と、ことあるごとに説いているのでしょう。

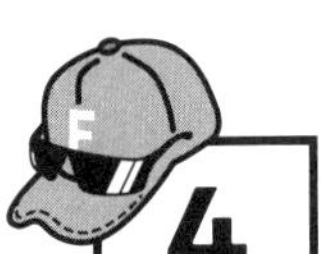

4 さまざまな監督との経験で育まれた新庄監督の「監督像」

「名字＋くん付け」の新庄監督と「下の名前の呼び捨て」の栗山監督

監督と選手の距離感を考えてみると、新庄監督の特徴は選手の呼び方に表れています。必ず「名字＋くん付け」して、選手を呼び捨てにしないのです。例えば、万波選手は「万波くん」と呼びます。

名前ではなく名字で呼ぶというのも、こだわりのポイント。第一章で書いた「フリー、フラット、ファン」の中の、フラットな時代感覚を意識しているのかもしれません。

名字を呼び捨てにすると、上からの感じがして高圧的な印象になります。かといって「さん付け」も野球チームの中では違和感がある。「くん付け」ならお兄さん感もあり、丁寧に尊重している感じも出て、ちょうど良い距離感を出せるのです。

新庄監督は選手と近すぎず遠すぎず、ちょうど良い距離感を保つことが必要と考えているのでしょう。

ちなみに前任者の栗山英樹元監督は、選手を下の名前で呼び捨てにしていました。大谷翔平選手を「翔平」、西川遥輝選手は「遥輝」という具合です。当然、こちらも「選手との距離感を近づけたい」という意図があるように思います。「くん付け」「下の名前の呼び捨て」と違いはありますが、その狙いは2人の監督ともに同じようなところにあるのではないでしょうか。

その上で、呼び方に違いが出る理由は、おそらく2人とも自分のキャラクターを分かっているからでしょう。新庄監督はともすると砕けすぎた軽い印象を持たれる可能性もあるので、選手一人ひとりの関係を丁寧に大切にする意味で「くん付け」を選択。一方の栗山元監督は真面目で理性的な印象もあり距離が遠くなりそうなので、一人ひとりに熱い気持ちで関わっていくというスタイルを表現するために「下の名前呼び捨て」を選択したのだと思います。

「一方的な懲罰指導は良くない」という価値観を生んだある監督との衝突

新庄監督のこうした選手との距離感は、もしかしたら過去のネガティブな体験に影響を受けたのかもしれません。

タイガース時代の１９９５年、足首の捻挫をしてしまい二軍で療養をしていた時のことです。二軍の全体練習が始まる時間でしたが、新庄選手はその日トレーニング室で足首の治療に専念していました。

ところが、全体練習に遅刻したと思ったその当時の監督は激怒。新庄選手の言い分や話をまったく聞き入れません。その挙げ句、監督はグラウンドで正座を命じたのです。

足首を痛めている選手にスパイクを履いたまま正座させる、という罰を受けたことで、新庄選手はその監督への不信感を募らせたことでしょう。さらに他の選手が練習を引き上げていく中、外野を大きく走り続けるアメリカンノックまで始まりました。令和の価値観なら、おそらくパワハラと非難される炎上案件でしょう。

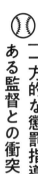

このような、選手の声や意見に耳を貸さず、一方的な懲罰を含めた指導を受けたネガティブ体験があったことで、新庄選手の中に「一方的な懲罰指導は良くない」という価値観が形成されたのでしょう。その監督を悪者にしたくないという意味で、新庄監督はこの件に関しては一切触れることがありませんが、自身が先輩や監督になった際の「べからず集」になっているのは想像に難くありません。

やはり価値観というのは過去の体験・経験から形成されているのです。

野村監督に学んだ「聞く耳」の大切さ

新庄選手はタイガース時代に、あの野村克也監督の元でも活躍しています。

就任当初、新庄選手と野村監督の関係は不安視されていました。当時は「考える野球の権化」と「センスでのみ野球をしている新庄選手」というパブリックイメージが先行していて、その2人のウマが合うわけがないという見られ方をしていたのです。

ところが蓋を開けてみると、おじいちゃんと孫のように野村監督は新庄選手をかわいがります。かわいくて仕方がない様子がコメントや表情からもうかがえるほどでした。

野村監督が新庄選手をかわいいと思うようになったエピソードとして、キャンプでの夕食後に行われていたＩＤ野球勉強会の件があります。

通常の選手であれば、当時ＩＤ野球で大成功を収めた大監督のありがたい話ですから、文句を言わずに聞くでしょう。しかし、新庄選手は違いました。講義が3時間も続くことで選手たちが集中力を失い、全然身に入っていないと気づくのです。

そこで新庄選手は「小学校の勉強時間って何で45分間か知ってます?」と屈託のない笑顔で大監督に尋ねます。そして、こう続けたのです。

「人間の集中力が続くのは45分間が限界なんですって。監督のせっかくのありがたい話も3時間も続くと集中が削がれます。なのでもっと短くしてください!」

野村監督がすごいのは、その提案を受け入れ、食事後のミーティングを本当に45分間にしたことです。柔軟に選手の声に耳を傾け、選手に寄り添ったマネジメントをしたのです。

当時すでに大監督の名をほしいままにしていた野村監督に意見してくる選手など他にいなかったのでしょう。だからこそ新鮮な思いで、新庄選手をかわいがったのだと思います。

そして新庄選手も、そうした野村監督の「聞く耳持つ」姿勢を嬉しく、意気に感じたのでしょう。野村監督の下での２０００年シーズンに、新庄選手はこの時点でのキャリアハイの打撃成績を残しています。このようなポジティブな体験・経験も、やはり今の監督像につながっているはずです。

もっとも、野村監督に関しては、実は反面教師にした部分もあるようです。新庄選手は著書の中で「野村監督はもっと選手を褒めた方がよい。小言は目を見てもっと柔らかい表情で言ってほしい」など、野村監督の選手への対応の仕方について、もっとこうした方が良いと言及しています。選手が萎縮する接し方はダメで、萎縮すると良いプレーができなくなるとも常々思っていたそうです。

バレンタイン監督とヒルマン監督に学んだ「選手が主体」の精神

その後のメジャーリーグでの体験も、新庄選手の思い描く監督像に影響を与えています。

メッツ入団時は、バレンタイン監督の元でプレーをしました。明るくカラッとした人柄で、選手のやる気を引き出すことがうまい、モチベーターとして定評がある監督です。選手一人ひとりをよく見て、気分を乗せてその気にさせるのがうまく、明るいノリでモチベーションを上げつつ、それぞれの選手との距離感をつかむのが抜群に上手な監督でした。

当時、日本人には、似たタイプの監督はほとんどいませんでした。新庄選手が現役時代の日本プロ野球界では、監督業はどこか名誉職の趣もあり、現役時代に活躍した選手がご褒美として監督になるのが常だったからです。ゆえに監督の言うことは絶対であり、「監督が選手を操る」「監督は選手と話さない」というような暗黙の了解があったようなところがありました。

しかしメジャーリーグの監督は、そもそもが現役時代に活躍した選手の名誉職ではありません。むしろ選手としては大成できなかったものの、野球に携わりたい、選手育成のサポートをしたいというところからスタートしている方が多いのです。その意味であくまで「選手が主体」「コーチや監督は環境を作る役割」という立場で選手に向き合っていることが多く、バレンタイン監督もまた、前述したような明るさで、選手が気持ちよくプレーできる環境を作っていたのです。

アメリカでのこのような体験・経験も、新庄選手の価値観に大きく影響を与えたはずです。むしろ、現在の新庄監督の礎を作ったのは、バレンタイン監督と言ってもいいかもしれません。

また、新庄選手はアメリカからの帰国後も日本ハムファイターズの選手として、やはりＭＬＢでの監督経験があるヒルマン監督の下でプレーしています。

選手を管理することなく大人扱いし、意思を尊重し、思うようにやらせてくれるのがヒルマン監督流です。ファンを喜ばせるためのパフォーマンス「新庄劇場」も、街に彩りを与えるという意図を汲み、容認していました。タイガース時代なら決して許されなかったであろうパフォーマンスも、ヒルマン監督なら理解してもらえる……そういう体験・経験も、新庄監督が思い描く監督像につながっているのでしょう。

このように、新庄監督は選手時代に関わった監督たちとのポジティブな体験、ネガティブな経験から、リーダーが選手の価値観に影響を与えることを身をもって知りました。さまざまな監督の下でプレーしてきた経験があるからこそ、今の新庄監督があるのです。良くも悪くもメンバーの価値観や生き方に影響を与えてしまうことを、リーダーは自覚しなければなりません。あなたはリーダーとして、メンバーにどんな影響を与えたいですか？

おわりに

24年のファイターズの大航海は、福岡の地で終わりを告げました。

そして、日本シリーズも横浜で終演を迎えました。

このタイミングで思うことがあります。

プロ野球の存在意義とは何か？

はたまた、あなたが勤める企業や組織の存在意義は何か？

勝利すること。優勝すること。企業に置き換えるなら、利益を上げること。果たして、それだけでしょうか？

優勝もできず、日本シリーズにも届かなかったけれど、ファイターズを応援していて、これほど幸せな気持ちになれたシーズンはありません。

「道徳なき経済は悪であり、経済なき道徳は戯言である」

江戸時代の農学者、二宮尊徳はそう言っています。

ここで言う道徳は「コモンパーパス」、経済は「利益」と読み替えることができるでしょう。つまり、前半はこうです。

「コモンパーパスなき利益は悪である」

どうでしょう。悪とまでは言い過ぎでしょうか？

でも、あなたがリーダーであるならば、共に働くメンバーに働く意義や楽しさを伝え、熱中させる義務がある、と私は思っています。それができないで、ただタスクの管理監督に終始しているなら、それは努力義務違反であり、悪かもしれません。

そして、二宮尊徳理論の後半はこうなります。

「利益なきコモンパーパスは戯言である」

これはそのまま反論の余地がありません。

つまりコモンパーパスとは、働く人々に意義や喜びをもたらし、利益をもたらすものなのです。

あなたのチームのコモンパーパスを早く発見し、5Cを回していきましょう。

さて、この二宮尊徳理論。プロ野球に置き換えると、どうでしょうか？

「コモンパーパスなき勝利は悪である」

「勝利なきコモンパーパスは戯言である」

後者にはグーの音も出ません。その通り、プロ野球は勝ってなんぼです。

問題は前者です。

コモンパーパスなき勝利は悪でしょうか?

一ファンの立場からすると、悪だと私は思うのです。

例えば確固たるコモンパーパスがなく、目の前の試合を短期視野で捉え、勝利だけを目指す野球をされても、ファンはついてこないのではないでしょうか?

もちろん地元のチームを応援することはあるでしょうが、けれど「地元だから」以外のファンは集まるでしょうか?

24年シーズン後半からエスコンフィールドでは、試合前にオーロラビジョンを使った「〃○○から来ましたタオル〃」が始まりました。自分が住んでいる地名が書かれたタオルを掲げて場内カメラにアピールをして抜かれるという企画です。

そこには毎試合、北海道内の地名はもちろん、北海道以外の地名が書かれたタオルを掲げる人で溢れていました。東京、埼玉、神奈川、千葉の首都圏はもちろん、群馬、兵庫、東北、京都、静岡、山形、和歌山、沖縄、福井、愛媛……本当に全国から、ファイターズのグッズに身を包み、わざわざエスコンフィールドまで応援に来てくれていたのです。

こんな風に地元北海道以外のファンも虜にできたのは、新庄監督や球団が打ち出しているコモンパーパスがファンにまで浸透しているからに違いありません。

また「パ・リーグTV」のYouTubeチャンネルでも、ファイターズ関連動画はどうやら他球団に比べ回っているという実績もあります。

コモンパーパスが魅力的なチーム、選手を作り、それを見ているファンが本拠地には関係なく応援しているのです。

コモンパーパスの存在が実利益につながる研究は多々ありますが、まさにこの例も追加して良いのではないかと思うくらいです。

もちろん、「コモンパーパスの良い影響」が分かっただけで「コモンパーパスなき勝利は悪である」は言い過ぎかもしれません。

それでも悪であるという個人的見解の背景には、私の個人的な体験・経験があります。

私はその昔、80年代後半からタイガースの熱心なファンでした。

しかし2003年の優勝で、何か一気にしらけてしまったのです（その翌年から郷里の北海道にファイターズが移転して、そこに新庄選手が移籍してきたのは、私にとって奇跡の出会いでした）。

なぜ優勝でしらけてしまったかと言うと、その優勝が、元々いた多くの選手を放出し、大量・大型補強で選手層を厚くしての優勝に見えてしまったからです。

既存のタイガースの選手を育成して、そのメンバーで勝ちたい。そのような価値観を持っていたので、私はしらけてしまったのです。

「若い選手たちの成長を見て、それで優勝してこそ応援しがいがある」

そう考えるプロ野球ファンは、私以外にも多いでしょう。

その喜びを奪いかねないのが「コモンパーパスなき勝利」を追求する姿勢なのです。

とにかく勝つことだけが目的となって、勝ちさえすればファンが喜ぶと思うのは、大きな間違いです。

その意味で、やはり「コモンパーパスなき勝利は悪」なのです。

だから、今一度新庄監督に学びましょう。

勝つことは手段であって、目的ではありません。

目的は地域に彩りを与える（ファンを喜ばせる）ことであって、勝つことはその手段の一つに過ぎないのです。

他球団の主軸を引き抜き、大型補強しまくって勝てたとしても、それでは喜べないのがファン心理というもの。推し活文化が定着してきている中、今後もその流れは強くなるでしょう。

そんな時代だからこそ、ファンに愛され応援されるコモンパーパスと5Cは絶対的に必要なのだと思ったりするのです。


それは我々の仕事でも同じです。

「強いものだけが生き残る」「強いから喜べる」「利益を上げれば何だっていい」「勝ちさえすれば何だっていい」「儲かりさえすれば嫌な仕事でも続ける」……令和は、そんな時代ではありません。

「成長を喜べる」「弱いところから強くなる過程に共感したい」「利益は目的ではなく

手段」「仕事に意義を見出したい」「仕事を楽しみたい」……そんな時代だからこそ、コモンパーパスと5Cが必要なのです。

コモンパーパスという存在意義が生まれ、5Cが回り、新庄ファイターズのように若手がイキイキと活躍し、笑顔溢れるチーム、仕事を楽しめる組織が世の中に一つでも多く誕生することを、心から願うばかりです。

それでは最後は一丁締めで行きましょう！

あなたのチームが仕事を楽しめるチームに変貌することを願って、お手を拝借——っ！

よぉ——っ！

ポンっ!!

2024年11月

佐藤真一

オンライン講座のご案内

組織やチームのリーダーとして、
業績とメンバーのやりがいを両立する
チームマネジメントのノウハウが
動画で楽しく学べます。

自社サイトはこちら

Udemy会員の方はこちら

※本講座は著者が独自に提供するものです。
出版元は一切関知いたしませんので、あらかじめご了承ください。

著者紹介

佐藤 真一
(さとう・しんいち)

◎株式会社アドファンス・ラボ代表取締役。組織開発コンサルタント。
◎1978年生まれ。大学卒業後、メーカー系通信機器販売会社に入社。ａｕショップ店長として従事。2007年にａｕショップ店長として月販の「新規契約台数日本一」に過去最高販売数で輝く。売上も規模も平均的な店舗を「三年連続日本一」へ導いた手腕と経験を活かし、店舗再建や店長育成に携わる。この体験から「仕事を楽しむ」と成果が出るが信条となる。その後、楽天株式会社を経て、組織開発コンサルティングファームに参画後、独立起業。ポジティブ心理学をベースにした組織開発や、管理職層へむけた研修を数多く手掛けている。
◎著書に『現場リーダーのための仕事を楽しめるチームづくり』(セルバ出版)がある。

新庄監督《しんじょうかんとく》に学《まな》ぶ
心理的安全性《しんりてきあんぜんせい》の高《たか》いチームの
つくりかた

発行日　2025年 2月 9日　第1版第1刷

著　者　佐藤《さとう》　真一《しんいち》

発行者　斉藤　和邦
発行所　株式会社　秀和システム
〒135-0016
東京都江東区東陽2-4-2　新宮ビル2F
Tel 03-6264-3105（販売）Fax 03-6264-3094
印刷所　日経印刷株式会社　Printed in Japan

ISBN978-4-7980-7453-5 C0034